나는 죽을 때까지 빛나기로 했다

단단한 오십부터 시작되는, 진짜 내 삶을 채우는 시간

나는 죽을 때까지
빛나기로 했다

비체 **박유하** 지음

바이북스
ByBooks

  박유하 작가님을 처음 봤던 때가 생각난다. 그녀의 목소리와 눈빛에서 자신에 대한 믿음과 확신을 느낄 수 있었다. 참 오랜만에 나와 비슷한 에너지를 품고 있는 사람을 만난 것 같았다. 우리는 함께하면서 서로에 대해 깊이 공감하며 많이 웃었고 또 눈물짓기도 했다. 나는 그동안 교육을 해오면서 정말 다양한 사람들을 만났다. 그 시간 속에서 사람 보는 눈을 키웠다고 자부한다. 나는 솔직하고 투명한 사람이 좋다. 또 무얼 하든 '뿌린 대로 거둔다.'라는 진리를 잊지 않고 부단히 노력하는 사람이 참 멋있어 보인다. 그녀는 바로 그런 사람이었다. 우리의 만남은 우연이 아니라고 생각한다. 각자 주어진 삶에 충실하며 자기 믿음으로 걸어왔기에 결국 만날 수밖에 없는 소중한 인연이라 생각한다. 처음부터 지금까지 서로를 신뢰하는 마음으로 함께하고 있다. 오래도록 인연을 이어가고 싶은 귀한 사람이다. 볼수록 매력적인 그녀의 삶을 가장 먼저 들여다볼 기회를 얻어 감사하다.

  이 책을 읽으면서 그녀가 걸어온 삶의 여정을 따라가며, 진정 살아있는 삶은 어떤 것일지 생각해 본다. 또 고통과 시련은 우리 삶에 어떤 의미를 지닐까를. 인생은 언제나 예기치 못한 순간에 우리를 절망 끝으로 몰아가기도 하지만, 그 순간이 절망이 아닌 희망이라는 것을 말해주기도 한다. 삶은 우리에게 다양한 모습으로 말을 걸고 기회를 준다. 우리는 살아갈 날보다 살아온 시간 속에서 나의 전부를 발견했다고 착각할 때가 많다. 가능성에 한계를 짓고, 이전의 삶에서 벗어날 수 없다고 믿는 사람들이 얼마나 많은가.

나 역시 오십을 앞두고 지난 시간을 돌아볼 때, 잘한 일보다 못한 일이 떠오를 때도 있다. 하지만 앞으로의 삶에 희망이 가득하다는 것을 의심하지 않는다. 박유하 작가님 또한 그런 마음으로 매일을 충실히 살아왔고, 희망으로 걸어가고 있는 멋진 분이라는 생각이 든다. 오십이라는 나이는 어떤 의미를 가질까. 지난 삶을 돌아보고 내가 지켜야 할 것과 버려야 할 것이 무엇인지 선명해지는 나이가 아닐까 한다. 후회보다는 앞날에 대한 희망과 비전으로 용기를 내어야 할 시기가 아닐까. 그런 의미에서 이 책은 오십을 바라보는 시기에 또는 오십 이후의 삶을 살아가는 사람들에게 인생이 주는 의미를 깊이 생각하게 한다.

저자는 살면서 한 사람이 겪었다고는 도저히 믿기 어려울 만큼 힘든 순간들을 통과한 사람이다. 그녀의 삶을 들여다보며 우리는 자신이 생각하는 것보다 훨씬 더 강한 존재가 될 수 있다는 것을 다시 생각할 수 있었다. 아마도 그녀의 삶에서 가장 고통스러웠던 시기는 30대에 퇴행성 디스크로 꼼짝없이 누워만 지냈던 시기가 아니었을까 한다. 눈에 넣어도 아프지 않을 아이를 실컷 안아주지도 못한 채 매일 얼마나 많은 눈물을 쏟았을까. 불행한 삶에서 빠져나오기 위해 그녀는 매일 책을 읽었다. 책을 읽으며 내면 깊은 곳으로 내려가 자신이 어떤 존재인지 깨달았고 삶을 바꾸었다. 다시 걷겠다는 강한 의지와 노력으로 결국 그녀는 어둠의 터널에서 벗어나 일상의 기쁨을 누리며 살아가고 있다.

나는 늘 생각한다. 어떤 것도 경험에서 배운 것을 이길 수 없다는 것을. 내 삶을 포기하지 않고 살아내겠다는 끈질긴 의지와 열정이 있다면 우리는 어떤 어려움도 견딜 수 있다는 것을. 고통을 어떻게 바라보느냐에 따라 때로는 큰 희망이 될 수도 있다는 것을 그녀의 삶을 통해 배운다. 힘든 시간 속에서 절망이 아닌 희망을 발견한 사람이기에, 삶을 통해 증명한 것들이 독자들에게 많은 용기를 줄 거라 생각한다.

지난 10년간 여덟 권의 책을 쓰면서 또 현재 아홉 번째 책을 집필하며 우리 삶에서 독서와 글쓰기가 가진 의미와 가치를 매일 생각한다. 잘 살아내기 위해 매일 읽고 쓴다. 그녀 역시 제대로 된 삶을 살아가기 위해 매일 읽고 쓰는 작가의 삶을 선택한 사람이다. 그래서 우리가 더 많이 통하는 것이 아닐까 한다. 지금의 삶에서 읽지 않고 쓰지 않고서는 도저히 견딜 수 없기에 매일 실천하는 것이다. 나는 매일 그녀가 SNS에 정성스럽게 올리는 서평을 읽는다. '오늘은 어떤 책을 읽었을까?' 그녀의 우아한 감성 독서 테이블이 항상 궁금하다. 매일 한 권의 책을 읽고, 정성으로 필사하고 낭독하며 자신에 대한 사랑과 타인에 대한 사랑을 실천하고 있음을 느낀다.

그녀는 지금도 다양한 도전을 이어가고 있다. 북토크 진행자로, 경제 강사로, 아마추어 현악 앙상블 단장이자 첼로 연주자로, 멘토 같은 엄마로, 존경받는 아내로 살아가지만 멈추지 않고 새로운 도전을 이어가는 그녀가 존경스럽다. 인생은 항해하는 바다와 같다. 멈추어 있는 삶에서는 진정 살아있음을 느끼기 힘들다. 자신의 가능성에 한계를 짓지 않고 살아가는 사람만이 인생에서 새로운 기회를 자신의 것으로 만들 수 있을 것이다.

'충만주의자'로 살아가는 저자는 이 책을 통해 단단한 오십의 삶을 살아가기 위해 무엇을 채워야 할지 말해준다. 삶에서 배운 것들이 무엇인지 알기 위해 성찰의 시간을 가지라 말한다. 지난 삶에서 자신의 가치를 발견하고 다시 용기 내라고 한다. 하루의 시작은 무엇보다 중요하기에 혼자 있는 시간을 즐거움으로 가득 채우라 말한다. 그 속에서 자신의 삶을 제대로 세우는 훈련을 할 수 있다고. 인생을 바꾸기 위해서 시간 관리는 필수다. 우리는 늘 바쁜 일상을 보내면서 정작 자신을 위한 시간은 제대로 투자하지 못한다. 이 책을 통해 하루를 견고하게 만드는 시간 관리 노하우를 배울 수 있을 것이다.

나는 그동안 책을 통해 자신만의 탁월함을 만들어가라는 메시지를 전했다. 배움을 이어가면서도 나눔을 실천하는 그녀의 삶을 들여다보며 탁월함은 일상의 작은 습관으로 만들어지는 것이고, 타고난 재능보다 열정으로 얻어지는 것임을 확인할 수 있었다. 오십이라는 나이는 인생에서 꺾이는 나이가 아니다. 새롭게 시작할 수 있는 나이다. 저자는 고독 속에서 축적된 힘으로 함께 있을 때 빛나고 혼자일 땐 깊어지라 말한다. 독서와 글쓰기를 통해, 끊임없는 도전을 통해서 나를 사랑하는 마음으로 자신의 길을 만들어가라고 조언한다.

한 권의 책은 우리가 기대하는 만큼 배움을 준다. 책을 읽고 어떻게 활용하느냐에 따라 그 가치가 달라질 것이다. 저자의 삶을 통해 내 삶을 깊이 들여다보고, 책을 덮었을 때 비로소 자신의 상처와 마주하고 새롭게 시작할 용기를 얻을 것이라 믿는다. 저자가 힘들었던 삶을 견디고 세상을 향해 당당하게 걸어 나왔듯이, 우리도 지금의 한계를 넘어서 자신에게 스스로 기회를 주는 사람으로 살아갔

나는 죽을 때까지 빛나기로 했다

으면 한다. 나와 수많은 독자에게 경험에서 얻은 배움과 깨달음을 아낌없이 나누어준 박유하 작가님께 감사드린다. 그녀의 앞날을 힘차게 응원한다. 그리고 이 책을 펼칠 독자들이 인생이라는 힘든 여정에서 희망의 씨앗을 뿌리며 마침내 자신을 일으켜 세울 수 있기를 간절히 바라는 마음이다.

허지영 작가,
《퍼스널 브랜딩의 모든 것》 저자

과거로 돌아가 딱 한 가지만 바꿀 수 있다면 그게 무엇일까?

크고 작은 실수와 아픔이 떠오르지만, 어느 것 하나 후회하지 않는다. 그 시간이 없었다면 옳은 결정을 내리는 법을 배우지 못했을 것이기 때문이다.

아빠의 교통사고로 갑자기 마주쳐야 했던 가난한 어린 시절, 일과 공부를 병행하며 쉬지 않고 달렸던 대학 생활, 투자의 성공과 실패, 불임으로 힘들었던 시기, 특별하게 키워야 했던 아이, 퇴행성 디스크로 걷지 못해 누워 있던 고통. 그 시간은 나에게 '인간이 얼마만큼 강해질 수 있는지'를 경험하고 깨닫게 했다.

절망적인 상황에 불평하기보다는 모든 순간에서 감사와 도전을 선택했다. 똑같은 현실도 어떤 태도로 바라보느냐에 따라 삶은 달라진다. 결코 만만치 않았지만 용기와 노력으로 빚어낸 열정은 삶을 바꿀 수 있다는 배움과 믿음의 근거가 되었다.

업무 중독자로 살았던 직장을 그만두고 유럽에서 보냈던 몇 년

나는 죽을 때까지 빛나기로 했다

의 시간은, 나로 하여금 세상을 보는 시야를 바꿔놓았다. 작가로, 북토크 진행자로, 아마추어 현악 앙상블의 단장이자 첼로 연주자로, 경제 강사로 살며 열정을 불태우는 지금, 매 순간이 행복하다.

변화는 습관 하나를 바꾼 것에서 비롯되었다. 필사와 낭독, 하루 한 권 아침 독서로 하루를 시작한다. 필사를 통해 순간을 기록하고, 낭독은 좋은 글로 나누는 나와의 대화다. 꾸준함은 '지금, 이 순간'에 집중할 수 있게 한다. 내면의 단단함에서 지혜를 찾아, 흔들려도 무너지지 않는 습관을 만들었다.

책과 함께하는 일상은 루틴을 넘어 삶, 그 자체다. 인생에서 마주치는 온갖 풍파를 버티는 힘이고, 삶을 디자인하는 나만의 방식이기도 하다. 책에서 얻은 감성과 지혜는 오늘도 나를 단단한 성장으로 이끈다. 고요한 시간에 느끼는 풍요로운 일상은 나를 돌보는 시간이자, 내면의 균형을 잡는 시간이다.

내 삶의 가치는 누구도 정할 수 없다. '나 자신'이 주체가 되어 살아가는 삶의 방향을 잡아줄 때 필요한 것이 '독서'다. 읽고 쓰는 삶에서 마주한 꾸준한 습관이 차곡차곡 쌓여 글이 된다. 특별하지 않은 하루가 모여 삶의 모든 페이지를 장식한다. 행복은 멀리 있지 않다. 책을 읽고, 글을 쓰고, 대화를 나누는 순간이 행복이다. 좋은 글은 좋은 생각에서 시작되고, 잘 살아야 잘 쓸 수 있다. 일상의 여유는 치열하게 살아낸 시간 뒤에 찾아온다는 것을 기억하면 좋겠다.

나는 이 책을 통해, 경험에서 얻는 배움의 가치와 유한한 시간 속에서 찾아낸 진짜 행복에 대해 말하고 싶었다. 세상은 여러 기쁨으로 가득 차 있지만, 그것을 느낄 마음과 태도를 갖고 있지 않다면 그저 스쳐 지나가는 보통의 삶일 뿐이다. 매 순간을 스스로가 만든 기쁨과 의미로 채울 수 있기를 바라는 마음이다. 모두가 알고 있지만, 생각은 우리를 변화시키지 않는다. 생각을 향한 우리의 반응과 태도가 행동하게 만든다. 인생에 단 하루도 같은 날은 없다. 미래가 두렵다면, 오늘 내가 할 수 있는 최선의 노력을 다하면 된다.

여전히 삶은 새로운 배움과 도전을 품고 있다. 나는 매 순간을 기쁨으로 채우며 사는 '충만주의자'다. 삶이란 과거에 있지 않고, 희망하는 미래는 아직 다가오지 않았다. 나를 찾아가는 여정이 결국 인생이다. '지금, 여기'에 의미를 부여하는 모든 행동이 우리를 존재하게 만든다. 내가 단단해야 삶도 단단해진다. 과거의 수많은 아픔과 경험을 이겨내고 지금의 단단한 내가 되었다.

나는 늦게 피는 꽃이 될까 봐 두렵지 않다. 꽃을 피우지 못하고 열매 맺지 못한 채 삶을 마감하게 될 것이 두렵다. 경계해야 할 것은 나이라는 숫자가 아닌 나이 듦과 함께 놓아버린 열정이다. 현재의 나에게 집중하자. 나는 나일 때, 당신은 당신일 때 가장 빛나고 아름답다.

힘든 순간마다 넘어져도 다시 일어날 수 있는 열정과 의지를 불태울 수 있었던 중심은 늘 가족이었다. 어려움을 버티고 이겨낼 수 있도록 용기를 준 든든한 남편, 눈에 넣어도 안 아프고 밥 안 먹고도 배부를 수 있음을 경험하게 해 준 두 아들에게 깊은 사랑과 고마움을 전한다.

저자

똑같은 현실도

어떤 태도로 바라보느냐에 따라

삶은 달라진다.

나는 감사와 도전을 선택한 순간부터

행복한 미래를 그리고 있다.

차례

1장

삶에서 배운 것들	성찰의 시간

삶에서 배운 것들

성찰의 시간

매 순간, 빛나고 있나요?

"당신은 지금 어떤 모습으로 빛나고 있나요?"

나는 아마추어 현악 앙상블의 단장이자 첼로 연주자다. 3년 전 악보를 못 읽는 두려움을 떨쳐내고 첼로를 시작했다. 대학에서 경제학을 전공했고, 일주일에 두 권은 꼭 경제 도서를 읽는다. 현재 시립 도서관에서 경제 강사로 활동하고 있다. 매일 새벽에 일어나 필사와 낭독을 하고, 매일 한 권의 책을 읽는 것을 목표로 한다. 글쓰기보다 말하기가 편했던 나는 3년 전부터 북토크 콘서트 진행자로 활동하고 있다.

악보를 못 읽는데 어떻게 첼로 연주를 하는지? 궁금할 것이다. 어렸을 때 피아노조차 배우지 않았다. 지능이 높아서도 아니고, 손만 대면 잘하게 되는 능력이 있는 것도, 주위 사람들의 도움을 많이 받는 것도 아니다. 사람들로부터 부잣집 막내딸로 컸을 것 같다는 오해를 받기도 한다.

큰 아이가 다섯 살이 되었을 때 다니던 회사를 그만두었다. 남편의 해외 주재 발령이 계기였지만, '아이를 낳기만 하고 육아는 하지 않는 엄마'라는 죄책감에 항상 힘들었다. 다시 선택하라고 하면 주저 없이 '엄마'라는 이름을 택할 것이다. 퇴사 후의 시간은, 진정한 '엄마'의 역할과 의미를 깨달을 수 있는 기회였다. 가족과 주고받는 사랑이 어떤 것인지 알게 되었다.

큰 아이는 슬로바키아의 수도인 브라티슬라바의 영국식 국제 학교에 다녔다. 그곳에는 미국식 국제 학교도 있는데, 교복이 있다는 단순한 이유 하나로 영국식 국제 학교를 선택한 것은 '안 비밀'이다. 나는 모태 고슴도치 팔불출 엄마다. 회색 반바지에 하얀 폴로 셔츠를 입은 아이가 통학버스를 탈 때마다 포옹하고 얼굴을 비벼댔다. 아이는 또래의 외국 친구들보다 체구가 작았지만 제일 귀엽고 사랑스러웠다.

어느 날 담임인 헬렌의 메일이 도착했다. 아이가 글쓰기 시간에 자꾸 연필을 떨어뜨린다고 했다. 퇴사 전 한국에서 아이를 키워주신 친정엄마의 얘기가 떠올랐다. 큰 아이는 외출하자며 옷과 신발을 줘도 전혀 관심을 두지 않는다고 했다. 이름을 불러도 TV에만 집중했다고. 사실, 나는 이미 알고 있었다. '뭔가 다르다'고 느꼈지만 아빠를 닮아 조용하고 말 없는 얌전한 아이라고 생각했다. 아니, 그렇게 생각하며 믿고 싶었다. 여름 방학을 맞은 아이와 함께 한국 행 비행기에 올랐다. 지금은 온 국민의 상담 전문가이자 셀럽인 오은영 선생님을 수원 영통 진료실에서 만났다.

"어머니, 열 명의 아이 키우는 거보다 힘드실 거예요. 아이가 공감 능력이 부족한데, 혹시 성격일지도 모르니 아빠도 함께 내원해 주세요."

헨젤이는 '조용한 ADHD'의 증상을 보인다고 했다. 아이의 전 두엽은 실수를 반복해도 늘 처음처럼 인식한다고. 상황마다 다른 공감 능력은 반복되는 학습으로 가르쳐야 한다고 했다. 학교생활과 사회생활을 잘하려면 필수라고. '신은 감당할 만큼의 시련만 주신 다.'고 들었는데 "사람 잘 못 보셨어요!"라고 따지고 싶었다. 초등학 교 5학년 때 아이는 매번 학원 버스 시간을 놓쳤다. 시간 약속에 철 저하고 엄격한 나는 도무지 이해하기 힘들었다. 학원을 모두 동네 아파트 공부방으로 옮겼다. 아이에게 "앞으로는 학원에 걸어서 가 면 된다."라고 했다. 시간에 맞춰 버스를 타야 하는 스트레스가 없어 진 일이라고 설명했다. 선생님과 친구들은 아이를 겪고 나면 "조금 다른 성격 같아요."라고 말했다. 그때마다 나는, "조금 다르죠? 착하 고 예의 바른 아이에요."라고 했다.

큰 아이는 하얗고 갸름한 얼굴과 예쁜 눈이 사랑스럽다. 자는 모습을 가만히 들여다보니, 가슴 깊은 곳에서 파도에 밀리듯 아픔이 올라온다. '가슴으로 울었다'라는 어느 소설의 표현이 그제야 이해가 되었다. 마음이 아파서 미칠 것 같은 날에는 '우리 아이는 귀하게 품어 키워 보낼 손님이야.'라고 수백 번 나에게 말했다. 불임진단에도 불구하고 기적처럼 온 아이를 평범하지 않게 키워야 한다는 사실에 좌절하기도 했다. 신경정신과 의사의 강연에서 들은 얘기인데, 아이는 '뽑기'와 같다고 했다. 영화 〈포레스트 검프〉에서 주인공 포레스트의 어머니는 숨을 거두기 전 아들에게 말한다. "인생은 초콜릿 상자와 같아. 어떤 걸 고를지 알 수 없단다."라고 말했던 것처럼.

뽑은 내 손을 자르고 싶은 마음이 들다가도 '최고의 엄마가 될기회를 얻은 행운'이라는 생각도 했다. 아이만 낳는다고 '엄마'라는 이름을 가질 수 있는 것이 아니다. 내 손으로 뽑은 아이라면 최고의 선택을 한 것이라고 마음먹었다. 뽑은 그 손을, 훌륭하게 키운 손으로 만들면 된다. 시험관시술과 인공수정을 모두 실패하고 포기에 이르렀을 때 '자연 임신의 기적'으로 온 아이다. 어떤 모습과 성격으로 태어나 얼마나 빛나게 성장할지 우리는 알지 못한다. 다만, 우연을 받아들이고 최선을 다해 순간을 충만하게 살면 된다는 의미로 받아들였다. 누구나 원하는 결과로 이어지는 삶을 바라고 희망을 품는다. 하지만 인간은 삶에 순응하며 살아가야 하는 불완전한 존재임을 받아들일 때, 우리는 좀 더 자유로운 행복에 다가갈 수 있지 않을까.

큰 아이는 집중력이 대단했다. 다양한 분야의 책을 함께 읽고 스무고개 하듯 대화를 이어 나갔다. 나는 아이의 어떤 질문에도 공감하고 호응하고자 노력했다. 아이가 '많은 경험'을 재산으로 가질 수 있도록 했다. 땅끝까지 가서 우주선을 보여주고, 박물관과 미술관을 다니며 엄마 도슨트로 활약했다. 아이스 스케이팅, 스노보드, 스키, 축구 등의 운동을 배울 수 있게 하며 체력도 키웠다. 더딘 발전이었지만 피아노와 플루트를 연주하는 음악회 무대에 오르기도 했다. 함께 한 노력 덕분일까. 컴퓨터를 다루는 능력이 우수했던 아이는 코딩대회에서 여러 번 수상했다. 중학생 때는 IT 영재로 발탁되어 정보 보호 분야 공부를 하기도 했다. 돈으로 살 수 없는 귀한 경험, 끊임없는 배움과 노력은 아이를 멋지게 성장시켰다.

자율형 사립 고등학교에 입학하고 두 달쯤 지났을 때 아이는 내게 할 말이 있다고 했다.

"엄마, 그동안은 하고 싶은 게 없어서 할 수 있는 걸 했어요. 지금은 하고 싶은 일이 생겼어요. 일러스트레이터가 되고 싶어요."

나는 죽을 때까지 빛나기로 했다

고등학교 입학 전에 말해줬다면 좋았을텐데 타이밍도 절묘하다. 그 얘기를 들었을 때 나는 솔직한 마음을 애써 감추었다. 자녀의 의사를 존중하는 멋진 엄마로 포장하고 싶었다. '속상한 눈빛을 잘 감추어야 해.', '썩어들어가는 심장을 들켜선 안 되지.' 마음을 다잡으며 답했다. "하고 싶은 게 없는 애들이 태반인데, 아들 대단하다. 여름 방학부터 미술학원 다닐래? 알아봐 줄게."

현재 큰 아이는 그토록 바라던 '미대 오빠'가 되었다. 학교 근처의 오피스텔에서 혼자 씩씩하게 생활하고 있다. 자신이 선택한 삶이기에 힘들어도 스스로 방법을 찾고 노력하는 아이다. 긴 시간 우리 아이들은 '해야 할 일'과 '하고 싶은 일'에 집중하며 사는 내 모습을 보고 자랐다. 하지만 나를 멋지고 강인한 엄마로 성장하게 만든 것은 아이들이다. 내게 아이를 키우며 가장 힘들 때 도움이 된 것이 무엇이냐 묻는다면, 망설임 없이 '꾸준한 독서'라고 답한다. 좋은 책과 글을 만나는 일은 마음 근육을 단단하게 키워주고, 무너질 때마다 다시 일어서는 '회복 탄력성'을 가져다주었다.

철학자 비트겐슈타인은 "내 언어의 한계는 내 세계의 한계다."라고 말했다. 힘든 순간에도 상처 되거나 험한 말을 자제하려 노력했다. 언어를 바꾸는 노력은 아이와 나의 관계를 돈독하게 하고 삶에 대한 태도를 바꾸게 했다. 어떤 상황에서도 우리 관계가 삶의 우선순위였다.

미대 오빠가 된 아이는 모델이 되고 싶다고 했다. 근사한 옷을 입고 런웨이를 걷는 아이의 모습을 상상하니 입꼬리가 귀까지 향한다. 원하는 것을 말하고, 이루어진 것처럼 생각하고 행동하는 삶을 살아왔다. 아이와 함께 성장하며 매 순간 빛나는 삶을 살아갈 것이다.

나에게 솔직할 용기

내가 초등학생이었을 때 일어난 아빠의 교통사고는 우리 가족에게 큰 고통과 아픔이었다. 서울에서 시골로 갑자기 이사하며 환경이 바뀌었다. 언니는 할머니 댁에 맡겨졌고, 나와 남동생 둘은 부모님과 작은 집에서 지내게 되었다. 맡겨진 언니도, 헤어진 우리도 영문을 몰랐다. 며칠 할머니 댁에서 지내다 돌아오는 줄 알았던 언니는 중학생이 되어서야 우리와 함께 살았다. 나는 낯선 환경에 적응하느라 마음고생이 심했다. 언니는 초등학교를 졸업할 때까지 토요일 오후에 우리 집에 오고, 일요일 오후가 되면 슬픈 눈으로 할머니 댁에 돌아가곤 했다. 매번 언니를 바래다주며 우리는 서로를 안고 울고 또 울며 헤어졌다.

설명할 수도 없고 입 밖으로 꺼낼 수조차 없었던 시간이었다. 언니에게는 피해의식과 열등감을, 나에게는 완벽주의와 불안을 가져왔다. 나는 학교 시험에서 늘 100점을 맞아야 한다고 생각했다. 그림 그리기와 글짓기 대회를 나가면 꼭 상을 받아야 한다는 강박에 시달렸다. '무엇이든 잘하는 둘째 딸'이 되지 않으면 나도 할머니 댁에 맡겨질지도 모른다는 두려움이 불안에 떨게 했다. 한 번은 주말마다 오는 언니가 풀어야 할 학습지를 내가 모두 풀어놓은 일이 있었다. 잘한다는 칭찬을 듣고 싶었는데 엄마에게 호되게 야단을 맞았다. 언니는 "잘난 척하고 싶어서 그랬구나? 너는 엄마랑 사니까 학원도 다닐 수 있지? 난 학교 다녀오면 가방 던져 놓고 놀거든." 하며 서로 많이 싸우기도 했다. 언니는 매일 밤 보고 싶은 엄마와 형세들을 띠올리며 눈물로 베갯잇을 적셨다고 했다. 나 역시 우리 가족이 언제고 뿔뿔이 흩어질 수도 있다는 생각에 불안함으로 쉽게 잠들지 못했다.

"친자매인데 왜 함께 살지 않고 언니만 할머니 댁에서 지내는 거야?"라고 부모님께 묻지 못했다. 이해되지 않았고 설명하기 힘든 감정이기도 했던 이유다. 불편한 진실을 알면 받게 될지도 모를 상처가 두려웠다. 부모님은 우리에게 충분히 설명하지 않으셨다. 아빠의 교통사고 이후 갑작스런 이사, 언니와의 이별까지. 혼란스러웠던 그때부터 나는 완벽주의자가 되었다.

달이 바뀌면 작은 달력에 일주일 동안 해야 할 일들을 적었다. 예습과 복습, 약속이나 계획이 마무리되면 줄을 그어 표시했다. 기한을 정해두고 마쳐야 할 일은 괄호 안에 날짜와 시간을 빨간 펜으

나는 죽을 때까지 빛나기로 했다

로 한 번 더 적었다. 책장에 꽂힌 전집 번호가 뒤섞여 있으면 순서대로 정리해야 마음이 편했다. 책상 서랍 속은 늘 가지런히 정리해 두었다. 지우개가 있어야 할 자리에는 지우개가, 연필과 색깔별 볼펜도 제자리가 정해져 있었다. 방학식을 하는 날 동그란 그림의 방학 계획표를 만들면 적힌 대로 지키려고 노력했다.

친구 생일파티에 갈 때도 미리 시간 계획을 짰다. 집에서 출발해서 버스를 타는 시간, 친구들을 만나고 돌아오는 시간까지 말이다. 과정에서 계획이 틀어지거나 변수가 생기면 '일이 잘 안되려나 보다.' 하며 안절부절못했다. 스스로 통제할 수 없는 상황을 마주하면 가슴이 쿵 내려앉는 느낌이 들었다. 모든 일을 혼자 감당해야 한다는 생각에 외롭고 힘들었다.

여고를 갓 졸업한 엄마는 7살 차이의 아빠와 결혼했다. 나이 스물에 언니를 낳고, 두 살 터울의 내가 태어났다. 동네에서 몇 안 되는 고학력자였던 아빠는 공기업에 취직했지만, 기술이 있어야 오래도록 먹고 살 수 있다며 갑자기 직장을 그만두셨다. 건설 현장의 전기공사 사업을 시작하며 사장님이 되기로 한 것이다. 그날 이후 엄마는 "사업하는 사람과는 절대 결혼해선 안 돼. 박봉이어도 꾸준한 급여가 나오는 사람과 결혼해야 마음 편히 살 수 있어."라고 귀에 못이 박히도록 말씀하셨다. 우리에게 그런 얘기를 할 때마다 아빠는 "내가 어딜 가든 박 사장, 박 사장하고 불리는데 얘들한테 무슨 소리를 하는 거냐."라며 핀잔을 주었다. 엄마는 터질 듯 답답한 속을 드러낼 길이 없어 가슴에 화병을 키웠다.

아빠는 공사를 맡게 되면 직원들과 신나게 일을 하다가, 공사가 마무리되고 더 이상 수주받은 일이 없을 때는 예금을 깨서 직원들의 급여를 챙겨 주었다. 엄마는 아빠 사무실에 나가 경리 업무를 하며 직원 한 명의 급여라도 줄이고자 노력했다. 하지만 아빠는 우리 여섯 가족이 먹고 사는 일에 언제나 무관심했다. 경제적으로 막막한 상황에서 일없이 집에 있는 이삐를 보는 엄마의 한숨은 거칠었다. '매달 차곡차곡 쌓인 예금 통장을 들여다보는 일'이 엄마의 소원이었는데 내가 크면 꼭 이뤄드리겠다고 마음먹었다. 엄마는 식당 설거지와 정육점 시간제 일을 하며 생활비와 우리 형제들 학원비를 충당했다. 대책 없이 사업을 벌이고, 귀한 집 막내딸인 엄마를 아내로 맞아 힘들게 만든 아빠가 너무 미웠다.

엄마는 우리가 대학을 입학할 나이에 결혼했다. 교통사고를 당한 남편을 간호하며, '엄마'라는 이름과 '사 남매 양육'이라는 무게를 감당하기 힘들었을 것이다. 형편이 나은 할머니 댁에 아이를 맡기면 잘 먹고 잘 입혀주실 거라는 섣부른 믿음으로 결정한 일로 평생 죄인이 될 줄 몰랐다. 딸들에게 깊은 상처가 될 거라는 생각을 미처 못했다고 마음 아파하셨다. "우리도 많이 아팠다."고, "부모가

　　　　　　　　나는 죽을 때까지 빛나기로 했다

떨어뜨려 놓은 자식이라 다른 사람들이 보이는 호의를 믿지 못하고 살았다."라고 고백했다. 어린 시절 헤어져 지냈던 기간이 있었지만, 피는 물보다 진하다는 것을 안다. 한결같이 서로의 마음부터 보듬는 언니와 나는 세상에 둘도 없는 친구다.

나는 하고 싶은 일도 배우고 싶은 것도 많은 둘째 딸이었다. 음악을 좋아했던 나는 피아노를 치며 노래하고 싶었다. 학교 소풍이나 행사 때 응원단장이 되어 목이 쉬도록 노래하고 춤추며 황홀경에 빠지기도 했다. 미술학원에 다니며 수채화도 배우고 싶었다. 타고난 미술 재능을 알아보신 중학교 때 미술 선생님은 방학 동안 학교 운동장 벤치에서 무료 개인 수업을 해주며 예고 입학을 추천하셨다. 조금만 배우고 다듬으면 훌륭한 예술가가 될 씨앗이라고 칭찬해 주셨다. '미술학원이 돈이 얼만데, 그리고 내가 무슨 예술고등학교야.' 부모님께 말 한마디 꺼내지 못하고 속앓이만 하다가 스스로 포기했다. 엄마의 그늘진 얼굴과 지친 눈빛을 보며 미술학원에 다니게 해 달라고 도저히 떼를 쓸 수 없었다. 속상함을 참아가며 욕구를 누르는 일에 습관이 되었다. 유전은 어쩔 수가 없나보다. IT 영재로 자라온 큰 아이가 자사고에 입학하자마자 일러스트레이터가 되겠다며 진로를 변경한 이유를, 아이가 아닌 나에게서 찾아야 했음을 뒤늦게 알았다.

'그 시절 나를 견디게 했던 힘은 무엇이었을까.'
'지금의 내가 있기까지
나는 지난 삶에서 어떤 것을 배우고 깨달았을까.'

기회가 오길 간절히 기다렸다. 배우기만 하면 잘할 자신이 있었다. 어려운 공부도, 복잡한 문제도 알아서 척척 해결하는 사람이 되고 싶었다. 똑똑한 두뇌와 열정을 가지고 태어났지만 어쩔 수 없는 환경에서 '아직 피어나지 못한 꽃'이라고 나를 다독였다. 미래에 대한 목표와 계획 없이 먹고 사는 일조차 힘들어허는 부모님을 보며 나는 일찍 철이 들었다. '부모님을 원망해선 안 돼. 우리 가족 모두가 함께 살게 된 것만도 감사하자. 엄마 아빠는 지금 최선을 다하고 있어. 배우고 싶은 것은 어른이 되었을 때 하면 되는 거야.' '어른이 되면'이라는 말로 무장하며 나는 그렇게 성장했다.

어린 시절의 인정욕구와 무엇이든 잘 해야만 한다는 강박은 어른이 되어서도 떨쳐낼 수 없었다. '대기업에 입사하면 엄마가 기뻐하실 거야', '일 잘하는 사원으로 승진이 빠르면 엄마가 얼마나 좋아하실까?', '든든한 사윗감을 데려오면 우리 딸 대단하다고 하시겠지?' 힘들게 살아온 엄마의 삶을 어떤 방식으로든 보상해 주고 싶었다. 미소를 잃은 지친 엄마의 얼굴을 웃는 얼굴로 바꿔주겠다는 마음 하나에 모든 삶의 초점을 맞추었다. 동시에 서서히 나를 잃어갔다.

　새 업무를 맡거나 낯선 상황을 마주하면 자신감보다 부담이 앞섰다. 시작하기 전에 실패를 염려하며 여러 번 계획을 세우고 점검했다. 작은 실수조차 허용하고 싶지 않았다. 행동 하나하나도 조심하며 불안을 피하고 싶었다. 뛰어난 업무능력을 보이며 승승장구했지만, '정말 내가 잘 해낸 게 맞을까?' 하며 의심하기도 했다. 언제나 행동의 속도가 감정의 속도보다 빨랐다. 업무 결과에 대한 피드백이 늦어지면 불안했고, 마무리 짓지 못한 일이 있지 않을까 하는 염려에 출퇴근의 경계가 없었다. 퇴근 후 집에서도 바뀐 업무규정을 숙지하고, 자투리 시간에는 영어 공부를 했다. '업무처리 완벽한 최고의 직원'이라는 이미지를 지키기 위해 갈아 넣었던 나의 에너지와 열정은 서서히 고갈되고 있었다.

　글을 읽기 시작했을 때부터 독서는 나의 유일한 친구였다. 책은 나에게 "그렇게 열심히 살지 않아도 된다."고 끊임없이 말해주었다. 삶의 우선순위는 나 자신이고, 지금도 충분히 훌륭하다고. 하지만 '나는 왜 긴 시간 같은 질문을 나 자신에게 반복해 왔을까?' 걷지 못해 1년을 누워있었을 때, 눈물이 귀에 고이고 넘치기를 반복하며 읽었던 책에서 얻은 용기는 변함없이 나를 지켜주었다. 그리고 깨달았다. 내가 만든 규칙과 살아온 방식이 나를 지켜줄 것으로 생각했지만, 사실은 고립시키고 있었다는 사실을. 철저한 계획 앞에 변수가 생기는 일이 지극히 정상이라는 것, 두려움과 실패의 가능성도 받아들이며 사는 것이 우리네 인생이라는 것을 말이다.

똑같은 현실도 어떤 태도로 바라보느냐에 따라 삶은 달라진다. 나는 감사와 도전을 선택한 순간부터 행복한 미래를 그리고 있다. 필사와 낭독으로 하루를 시작하고 꾸준한 독서로 멘탈을 다진다. 지금의 나는 예전과 다른 나다. 완벽주의자 습성은 오래전에 버렸다. 매 순간을 기쁨으로 채우며 사는 '충만주의자'다.

두려움 앞에서 뻔뻔해지기

업무 회의가 끝난 어느 날, 남편에게 전화가 왔다. 해외 주재원 발령으로 가족 모두 이사 준비를 해야 한단다. "미국? 캐나다? 영국? 어디로 가는 거예요?" 동유럽의 '슬로바키아'라고 했다. "영어권도 아닌데 굳이 가족 모두 나가야 하나 싶어요. 당신 혼자 갈 수 있겠어요? 그동안 저는 아들과 한국을 지킬게요. 다녀오세요." 괜한 심통을 부리고 말았다. 애써 쌓은 커리어를 놓고 싶지 않은 이유였다.

출산하고 3개월 만에 직장에 복귀하며 아이가 만 4살이 될 때까지 친정엄마의 육아 도움을 받았다. 직장에서 나는 '업무의 대가'로 불렸다. 자료를 만들고 회의를 진행할 때는 수많은 '경우의 수'를 고려해 예상 질문을 만들었다. 회의 상황을 시뮬레이션하고 답변지도 준비했다. 하루에 3시간 이상 자본 적이 없던 '업무 중독자'였다. 해외 출장이 많았던 남편은 아프리카 빼고는 모두 다녀보았을 것이다. 회사에서는 내가 이혼 후 혼자 산다는 소문이 돌았고, 외가에 맡겨진 아이는 아빠 얼굴을 볼 수 없는 날이 많았다.

남편에게 "혼자 다녀오라."고 말했지만, 고민의 시간이 지속되었다. '외할머니에게 맡겨 키워진 아이 마음은 어떨까?', '세상 모든 워킹맘의 비애야. 어쩔 수 없는 선택인데 모두 얼마나 마음이 아프겠어.' 가정을 이루었지만 우리는 각자 살고 있었다. 나는 신혼집에서 출퇴근, 아이는 외할머니와 함께, 남편은 비행기에서 보낸 시간이 더 많았을 것이다. 판단과 결정은 내 몫이다. 고민하는 일로 많은 에너지를 쓰고 싶지 않았다. 과감히 사표를 내고 비엔나 행 비행기를 선택했다. 만 다섯 살 아이의 작은 손을 잡고 곧게 마음먹었다.

'그래. 이제 우리는 완전체야. 지금부터 진짜 가족의 삶을 살아 보는 거야.'

아이는 영국식 국제 학교 1학년에 다니게 되었다. Year 1A부터 Year 1C까지 20명씩 3개의 반 중, Year 1A 반에 배정되었다. 학교 로고가 자수로 새겨진 하얀 폴로 셔츠에 회색 반바지를 입은 헨젤이의 모습은 정말 사랑스러웠다. 아이는 아침 7시 30분에 통학버스를 탈 때마다 울었고, 배웅하고 돌아선 나도 눈물을 훔쳤다. 하지만 무사히 하교하는 아이를 보며 안도하곤 했다. "안전하고 행복하게 잘 살다 가면 되는 거야." 두려웠지만 주먹을 힘껏 쥐며 이를 악물었다.

나는 죽을 때까지 빛나기로 했다

출근 준비를 하는 남편에게 택시를 어떻게 부르는지 물었다. 남편은 메모지에 '옐로우 택시' 연락처와 집 주소를 한국 발음으로 적어두고 출근했다.

"도브리 젠! (안녕하세요) 옐로우 택시?"

"아드레스? (주소 말씀하세요)"

"자흐라드니츠카 쉐데시앗" (자흐라드니츠카 60번지에요)

"파르돈?" (다시 한 번 말씀해 주실래요?)

"자흐라드니츠카 쉐데, 자흐라…, 드니츠카……."

울고 싶었다. 두려운 마음에 얼른 전화를 끊고 한국에서 가져온 초코파이 한 상자를 챙겨 아파트 로비로 달려갔다. 백발이 성성한 경비 아저씨께 "초콜릿 파이 프롬 사우스코리아"라고 말했다. 들고 간 휴대전화로 옐로우 택시에 전화를 걸어달라고 부탁했다. 우리 집 주소를 어떻게 발음하는지 긴장하며 귀를 쫑긋 세웠다. '아하, 그렇구나!' '자흐라드니츠카'라고 정직하게 발음하면 안 되었다. '자흐르아 드니츠카'였다. 아저씨는 나를 위해 전화를 끊고도 여러 번 주소를 천천히 말해주었다. 선물은 통했다. 역시 초코파이는 '정'이다.

그 일이 있은 후 나는 슬로바키아어 독학에 도전장을 내밀었다. 어디서든 살고 봐야 하니 생존 회화를 먼저 익혔다. 돈 계산을 잘해야 손해 보지 않을 것 같아 숫자부터 외웠다. 물건값을 잘 받으려면 흥정할 수 있어야 하니 다양한 상황의 대화도 외웠다. 재래 장터, 식당, 마트와 쇼핑몰에서 나의 슬로바키아어는 먹히기 시작했다. 단어와 문장력이 부족하면 어떤가. 나에게는 다양한 눈빛과 표정, 그리고 손과 발이 있었다.

'이상하다. 학교 다닌 지 4개월이 되어가는데 생일 초대나 파티 초대장을 받아오지 않네?'

우연히 만난 아이와 같은 반 한국인 엄마에게 상황을 물어보았다. "헨젤이가 아직 영어를 잘 못하잖아요. 영어를 쓰는 아이들은 말이 안 통니까 초대를 못 하고, 먼저 전학을 와 적응한 한국 자녀들이 모국어를 쓸까 봐, 엄마들이 영어 쓰는 아이들만 생일파티에 초대한 듯해요." 그날 밤 나는 잠을 이루지 못했다. '우리 아이가 얼마나 외로웠을까?' 이삿짐 정리와 슬로바키아어를 익히는 일에 집중하며 무심했던 내 자신이 너무 미웠다. 친구들과 어울리지 못하고 외롭게 겉돌았을 아이를 생각하니 마음이 시리고 눈물이 났다. "엄마가 너무 미안해. 이제는 외롭지 않게 도와줄게. 즐거운 학교생활을 기대해도 돼. 엄마가 간다." 열정과 의지로 똘똘 뭉친 나는 그날부터 열혈 엄마가 되기로 결심했다.

나는 죽을 때까지 빛나기로 했다

'헨젤이 친구 만들기'라는 목표를 세웠다. 목표란 자고로 달성하라고 있는 법이다. 그날부터 학교 모든 행사의 도우미와 봉사자 역할을 자처했다. '인터내셔널 데이'와 '기부 행사'에도 참석하고, 소풍이나 견학 가는 날마다 카메라를 매고 학급 아이들과 함께했다. 20명 천사의 반짝이는 모든 순간을 카메라에 담았다. 몇 달이 지나, 아이는 친구들의 파티 초대 손님 1순위가 되었다. 주말에 피크닉을 가자는 연락, 놀이공원에서 만나자는 연락에 모두 응할 수 없을 만큼친구 많은 아이가 되었다.

크리스마스를 앞두고 나와 남편은 반 아이들에게 줄 편지를 쓰고 선물을 포장했다. 사라, 제시카, 새뮤얼, 모티, 휴고, 보그단…. PC바탕화면에 아이들 각자의 폴더를 만들어 그동안 찍었던 사진들과영상을 구분했다. '굽는 프로그램'을 실행해서 세상에 하나뿐인 CD를 만들었다. 담임 헬렌에게 메일을 보냈다. "이 선물은 우리 반 아이들의 1년간의 추억이야. 우리의 정성과 마음이 듬뿍 담겨 있어. 헨젤이가 직접 친구들 한 명 한 명에게 나누어 줄 수 있도록 해줘." 반 아이들은 2학년이 되면 모두 Year 2A가 된다. 전학을 오가는 아이를 제외하고는 같은 반을 유지하는 교칙 덕분이다.

"헨젤이 엄마가 누구야? 우리 아이의 1년 동안의 추억을 선물받았어! 이런 귀한 선물을!"

Year 2A가 되자, 같은 반 엄마들에게 나는 인기쟁이가 되었다. '꼭 만나고 싶은 사람', '친구하고 싶은 엄마'였다. 식사나 커피를 함께 하자는 연락이 많았다. 아이 편에 선물이나 편지를 보내기도 했다. 반 엄마들 모두에게 이메일을 보내 '한국 음식 쿠킹 클래스의 시작'을 알렸다. 반장 새뮤얼의 엄마인 영국에서 온 다냐, 이케아에서 근무하는 남편을 둔 스웨덴 쌍둥이, 휴고와 모티의 엄마 프리다로부터 가장 먼저 답장이 왔다. 나는 가벼운 인사와 메시지를 보냈다. "주소는 문자로 보낼게. 2주에 한 번 수업이고 재능기부야. 각자의 앞치마는 가져오도록 해."

유럽에서 진행했던 쿠킹 클래스의 메뉴는 다양했다. 잡채, 불고기, 김밥 등을 함께 만들고 맛있게 먹으며 즐거운 시간을 보냈다. 직접 만든 영어 레시피가 어설펐지만, 요리는 행동으로 보여주면 된다. 무슨 일이든 생각이 많아지면 시작이 더디다. 그냥 하는 자세, 하면서 배우고 깨닫는 태도가 중요하다. 언제나 자신을 믿고 나아간다면 못 할 일이 없다. 하지만 '영어를 잘하게 되면 더 깊은 소통이 가능할 텐데.' 하는 아쉬움이 깊어졌다.

끌어당김의 효과일까. 지역신문을 보다가 눈이 번쩍 뜨였다. 브라티슬라바 시내에 있는 호텔에서 매주 화요일 오전 10시부터 슬로바키아에 이사 온 외국 여성들의 친목 모임이 있다는 기사를 보았다. 당장 호텔 사무실로 찾아갔다. "저는 이곳에 온 지 1년 남짓 되

나는 죽을 때까지 빛나기로 했다

었어요. 인터내셔널 우먼스 클럽 멤버로 함께 하고 싶은데 방법을 알려줄래요?"신청서를 작성하고 사진 한 장과 연회비를 내면 된다고 했다. 다음 날, 사진이 부착된 멤버쉽 카드를 가슴에 품고 설레는 마음으로 집에 돌아왔다. 매주 화요일이면 호텔 2층의 연회장에 있는 원형 테이블에 앉아 18개국의 멤버들과 대화를 나눴다. 관광안내 책자에 소개되지 않은 골목을 보물찾기 하듯 함께 여행했다. 어떤 날은 와이너리에 방문해 여러 종류의 와인을 시음하고 기분 좋은 취기의 도움으로 긴 시간 유창한 영어 대화를 하기도 했다.

슬로바키아에서의 삶은 무르익었다. 추억하고 싶은 시간이 쌓일수록 좋은 꿈을 꾸는 것처럼 행복했다. 사람들과의 교감, 따뜻한 우정, 낯설지만 설렜던 순간들은 내게 그저 온 것이 아니다. 사람을 존중하고 좋아하는 나의 진심과 태도가 그들에게 전달된 것이리라.

한국에 돌아갈 시간이 3개월밖에 남아있지 않다는 남편의 말을 들었다. 그 좋던 입맛을 잃고 체중도 줄었다. 얼굴빛은 초췌해지고 입술에는 물집이 생겼다. 마음에 온 병인지도 모를 몸살을 앓았다. 남편은 낯선 곳에서의 삶을 씩씩하게 살아주어 고맙다며 명품 가방을 선물하겠다고 했다. 나는 말이 끝나기가 무섭게 비엔나 케른트너 거리의 샤넬 매장 맨 앞줄에 서 있었다. 매장에 들어가 문의했더니 직원의 응대가 싸늘했다. "현재 재고가 없고 다음 주에도 안 들어올거야." 창고에 물건이 있는지 확인을 부탁했지만 같은 태도였다. 인종 차별인가 싶어 서러웠다. 이런 때일수록 더욱 당당한 태도를 가져야 한다. 강렬한 눈빛으로 인사를 하며 매장을 나섰다. "두고봐. 이 수모를 되갚아 줄 테니."

눈이 펑펑 오던 날 샤넬 매장을 다시 찾았다. 문이 열리자 바쁜 걸음으로 안쪽의 커다란 소파에 가서 다리를 포개 앉았다. "오늘 날씨가 너무 추운데 따뜻한 그린티 한 잔 부탁할게. 참, 오늘은 당신 말고 총괄 매니저에게 응대받고 싶어." "봉쥬르, 마담!" 오스트리아는 독일어를 쓰는 나라인데 갑자기 프랑스어가 들린다. 〈보그〉 잡지의 표지모델 같은 키가 크고 잘생긴 직원이 다가왔다. 그에게 열심히 설명했다. 내가 받게 될 선물이 어떤 의미를 갖는지, 어떤 추억이 될지, 주문이 안 된다면 내가 얼마나 슬퍼하게 될지를 말했다. 그는 자신의 능력을 보여주겠다며 연락처를 받아 적었다. 3주 뒤 나는 귀한 선물을 품고 웃으며 집에 왔다.

낯선 나라에서 안전하게 살다 오기만 해도 다행이라 여겼던 유럽에서의 삶은 내 인생의 황금기였다. 가족이라는 울타리가 주는 편안함과 사랑을 가득 느꼈던 시간이기도 했다. 그곳에서의 경험은 삶을 살아가는 데 큰 자신감을 갖게 했다. 좋은 사람들과 만나 특별한 추억을 쌓은 것만으로도 행복했다. 용기와 노력으로 빚어 낸 모든 순간은, 지금을 충만함으로 채우는 열정의 근거가 되었다.

나는 죽을 때까지 빛나기로 했다

무조건 열심히 살지 말아요

'치열하게 살고 있는데 왜 이렇게 공허하지?'

가정, 직장, 학교에서 각자의 하루를 열심히 살아가는 우리다. 하지만 어느 순간 허무함을 느낄 때가 있다. 조남호 작가는《공허의 시대》에서 그 이유가 '성공과 성취에만 의미를 두는 목적주의' 때문이라고 했다. '목적주의'란 '미래의 성취에만 의미를 두는 가치관'인데, 하루 종일 무언가를 하고는 있지만 그것에서 의미나 가치를 찾지 못하면 공허함을 느낄 수밖에 없다는 것이다. 결국 공허함은 '불행하다'는 생각을 가져오게 되고 '행복하지 않은 삶을 살아간다'는 감정을 느낄 수밖에 없다.

사람들에게 행복을 무엇이라고 생각하는지 묻는다면 각자의 답이 있겠지만, 아마도 원하는 대로 이루어지는 것이라고 말하지 않을까. 우리 삶에는 행복한 일보다 불행한 일이 더 많이 생긴다고 했다.

그것이 인생의 본질이라고. 세상은 내 뜻대로 되지 않지만 현재를 온전히 살면 다음은 나만의 특별한 이야기로 삶을 채울 수 있게 된다.

어릴 적부터 '잘난 나', '괜찮은 나', '성공한 나', '이기는 나'를 지향하며 살았다. 완벽주의 성향이 몸에 배어 계획을 세우면 그 안에서 상황을 어떻게든 통제하려 했다. 그때의 노력이 나를 성장으로 이끈 원동력의 하나였음은 알지만, 완벽하길 바랐던 태도는 무엇이든 '열심히' 하지 않으면 안된다는 강박을 가져왔다. 지칠 때까지 노력해도 원하는 결과가 나오지 않으면 노력이 부족한 탓이라 여겼다.

잘하고자 하는 마음은 건강하고 아름답다. 책임감 있고 성실한 태도를 가진 사람에게서 나오는 자세다. '할 수 있는 한 최선을 다하는 마음'은 삶에서 중요하지만, 그것이 나를 지치게 해서는 안 된다. 에너지가 잘 작동해서 나아갈 수 있도록 조율이 필요하다. 무작정 '열심히' 살다 보면 때로는 집착의 형태로 드러날 수 있고 단 한 번의 실패에도 쉽게 무너지고 좌절하게 된다.

어떤 명상가의 말이 기억에 남는다. "명상은 편안해지려고 하는 게 아니에요. 불안해도 괜찮다는 것을 인정하는 게 명상이죠!"라고 했다. 진짜 행복은 '행복'만 있는 일상이 아닌 '불행'도 함께 하는 일상이다. 행복해야만 괜찮은 것이 아니라, 불안해도 괜찮음을 인정하고 수용할 때 진짜 행복을 느낀다는 의미다. 우리는 삶에 대해 조금 더 가벼워질 필요가 있다. 무거운 일은 무겁게, 가벼운 일은 가볍게, 스쳐 지나갈 일은 흘려보낼 수 있는 여유를 가져야 한다. 편안하게 내려놓고 가볍게 힘을 뺐을 때 오히려 일이 잘 풀렸던 경험이 누구나 있을 것이다. 정리되지 않고 흐트러져 있는 상황이 무질서하게 느껴지더라도 평온함을 지니고자 노력하는 순간을 경험하면 좋겠다.

'무조건 열심히 살지 말라'는 것은 어떤 의미일까. '대충 살라'는 뜻이 아니다. '대충'과 '열심히'는 반대말이 아니다. 대충 해도 되는 일과 성의를 다해야 할 일을 구분하는 명확한 기준만 있으면 된다. 기준을 세우고 경계를 나누는 일은 우리 몫이다. 중요하지 않은 일에 많은 시간을 쓰며 없는 힘까지 보태지 말자. 의미 없는 열정에 중독되어 매 순간 죽을 힘을 다해 살면 무엇이든 이룰 수 있다고 착각하지 말자. 모든 일을 완벽하게 해내지 않아도 된다. "지나간 버스는 돌아오지 않는다."고 말하지만, 오가는 버스는 차고 넘친다. 내가 탈 수 있는 버스는 많다. 노선을 변경하는 것도, 반드시 타야겠다고 생각했던 '그 버스'를 타지 않을 선택도 내가 하는 것이다.

인생에서 일어나는 대부분의 문제는 무조건 '잘 살려고' 하면서부터 시작된다. 자신이 중요하다고 생각하는 한 가지에 집중해 보자. 나는 매일 세 가지에 집중한다. 낭독과 필사, 그리고 아침 독서다. 루틴을 실행한 이후의 시간과 나머지 일은 흐름에 맡겨도 아무런 문제가 생기지 않는다. 주어진 순간에 최선을 다하다 보면 상대적으로 덜 집중한 일임에도 불구하고 좋은 결과가 나오기도 한다. 모든 일을 '열심히' 한다고 해서 항상 대단한 결과가 나오지 않고, 대충 한다고 해서 큰 일이 나지도 않는다. 허점투성이인 경우도 있지만 그 순간들이 불완전했기 때문에 다시 노력할 기회를 얻는 것이다.

열심히 일하고 노력하면 언젠가 성공할 거라고 믿고 살아가는 사람들이 많지만 세상은 그렇지 않다. 모든 일에 무작정 '열심히', '잘해야 한다'는 생각에 빠지면, 하늘을 나는 듯 기분이 좋다가도 조금만 계획대로 되지 않으면 좌절감에 빠지기 쉽다. 좌절은 우울함으로 이어질 수 있고 다른 일과 미래의 계획에 안 좋은 영향을 미친다. '내가 이렇지, 뭐.' 하며 자책하다 중요한 일을 쉽게 포기할 수도 있고 실망과 비관으로 견디기 힘든 고통에 빠질 수 있다.

"인생의 모든 해답은 멀리 있는 게 아니라 가까이에 있다."는 진리처럼, 항상 평온한 상태에 머물러 있는 것이 인간의 기본값일지 모른다. 방향과 기준 없이 지나치게 열심히 사는 일은, 가까이 있는 행복을 관리하지 못하고 다른 곳의 행복을 향해 먼 길을 되돌아가는 것과 같지 않을까. '열심히'를 포기하는 것, 모든 일이 뜻대로 되어야 하고 계획대로 흘러가야만 한다는 생각을 내려놓는 것의 두려

나는 죽을 때까지 빛나기로 했다

움을 알고 있다. 하지만 세상은 우리가 느끼는 두려움에는 관심이 없다. 어느 철학자의 '고통은 당연한 것'이라는 말처럼, 우리는 뜻대로 되지 않는 상황도 받아들여야 한다. 있는 그대로의 나를 인정해주고 삶 자체를 경험으로 쌓아가는 과정이라고 생각하자. 인생에서 일어나는 일을 순도 100%로 받아들이며 충만함을 만끽했을 때, 삶 속에 '나답게' 존재할 수 있다.

인간은 제아무리 완벽하게 해낸다고 해도 자신의 힘으로 할 수 있는 것은 고작 10~30퍼센트라고 한다. '열심히 했으니 뜻대로 될 거야.'라는 생각은 결과가 좋지 않으면 노력이 부족했다는 게 되어버린다. 결과를 떠나 무언가에 몰입했던 과정에서 느끼는 뿌듯함과 온전함은 그 무엇과도 비교할 수 없는 충만감을 준다. 우리는 자신에게 끊임없이 질문해야 한다. 미국의 심리학자 고든 올포트는 "나는 내가 추구하는 것, 그 자체다."라고 말했다. 남들과 다르게 살고 싶다면 세상이 정해 놓은 길 위에서 '누군가와 비슷한 삶'을 살기 위해 사는 것이 아닌 '나답게 사는 삶'을 살자. 자신만의 시선으로 새로운 삶의 방식을 만들자.

우리가 영화를 보는 이유가 단지 결말을 알기 위해서가 아닌 과정에서 등장인물들이 겪는 장면에서 감동을 얻는 것처럼, 순간의 시행착오와 좌절을 기꺼이 경험하자. '완벽한 사람'이 되려고 애쓰지 않아도 된다. 무시당하지 않기 위해, 앞서 나가야 하니까 열심히 살지 말고, 결점을 보듬어주고 자신만의 색깔을 내는 데 집중하자. 할 수 있는 만큼의 의지를 행동에 반영하고 결과에는 힘들이지 말자. 세상에는 절대적 만족감을 주는 목적은 없다. 스스로 세운 오늘의 루틴을 잘 지켰다면 의미 있고 가치 있는 하루를 산 것이다. '열심히'라는 모호함이 아닌 나만의 기준으로 의미 있는 삶을 살아가자.

나는 죽을 때까지 빛나기로 했다

지금 이 순간을 살아내는 힘

"엄마, 저 '불가능은 없다' 좀 사주세요."

"책 제목인가? 그게 뭔데?"

"요즘 장 건강이 별로인지 화장실을 너무 자주 가요."

"음……혹시, '불가리스' 유산균 음료 말하는 거야?"

"네, 맞아요. 하하."

"엄마, 이런 얘기 하기 뭐하지만 아무래도 저 '삼재' 같아요."

"으응? 삼재? 그런 단어를 어찌 알아? 엄마는 안 믿는데, 준이는 성인이 아니라서 삼재 같은 거 없어. 왜 그런 생각이 들었나 궁금하네?"

"농구하다 오른손 엄지손가락 골절로 깁스 중이죠. 학교에서 놀다가 왼쪽 발목 다쳐서 보호대 하는 중이죠. 속 안 좋아서 화장실 자주 가죠. 그러니까 삼재잖아요."

"음, 만일 그렇다 해도 너무 다행인데? 올 게 다 왔으니 이제 지나가는 일만 남았네. 어차피 사재, 오재, 육재 같은 건 없거든!"

큰 아이와 여덟 살 터울의 둘째는 초등학교 6학년이다. '소 닭보듯'하는 형의 성격 때문인지 늘 심심해하는 둘째와 나의 일상은 수다로 가득하다. 유전은 과학이라더니, 나를 닮아 어휘가 남다른 아이는 "딸 없어서 서운하겠어."라는 이웃의 말을 쏙 들어가게 하는 사랑스러운 아들이다. 비트겐슈타인의 "내 언어의 한계는 내 세계의 한계다."라는 명언을 늘 새기며 산다. '언어는 곧 그 사람'이기에, 긍정적이고 고운 언어를 사용하는 우리 가족들과의 대화는 언제나 즐겁다. 잠들기 전 아이들과 그날의 경험과 생각을 나누는 일은 매일의 행복이다.

둘째 아이는 사진 찍는 것을 좋아한다. 따뜻한 봄의 햇살 사진이나 가을 낙엽이 쌓인 거리를 찍어 가족 카톡방에 올리기도 한다. 첫눈 오는 날은 학교 가는 길의 풍경 사진, 맛있는 음식을 먹을 때는 음식 사진을 찍는다. 어릴 적 부모님께서 우리 사남매에게 말씀하셨던 '눈에 넣어도 안 아프고' '밥 안 먹어도 배부른' 것이 어떤 느낌인지 엄마가 되니 알 것 같다. 귀한 내 아이들에게 좋은 것만 주고 싶다.

우리 가족은 말끔하게 잘 지어진 40평대의 대출 없는 주상복합 아파트에 살았다. '이보다 더 좋을 순 없다.'며 마음 부자로 살았던 나는 여윳돈으로 미국 주식 투자만 해왔다. 하지만 내 집 마련의 현실에 관한 신문 기사와 책을 읽다가 깊은 고민에 잠겼다.

'우리 아이들이 크면 해가 들지 않는 좁고 낡은 곳에서 살게 되는 게 아닐까?'

'전문직이 아니라면 받는 급여에서 주거 비중이 높을 텐데, 사람답게 살 수 있는 환경일까?'

걱정은 시작에 불과했다. 부동산 투자는 해 본 적 없던 나인데, "주식에서 얻은 수익은 땅에 묻어야 한다."는 어느 전문가의 조언을 어쩜 그리 철석같이 믿었는지 지금도 의문이다. 오피스텔 분양권 투자를 시작으로 나의 탐욕은 도를 넘어 위기를 맞이했다. 대출 정책 변경으로 잔금을 치를 수 없어 민사 소송에 휘말렸다. 분양권 투자를 하지 않았다면 겪지 않았을 비참한 일도 겪었다. '내가 왜 그랬을까?', '제발 그때로 돌아간다면…….' 자책과 후회를 반복했다.

한결같이 나를 믿어주고 사랑을 주는 가족에게 더 이상 실망을 주고 싶지 않았다. 온몸으로 스트레스를 견디던 어느 날, 내 심장은 아무 때고 두근거렸다. 소개받아 간 병원의 의사 선생님은 '공황장애 전조 증상'이라고 했다. 심장은 근육으로 이루어져 있는데, 오래 운동하면 근육에 무리가 가는 것과 같은 이치라고. 스트레스를 내부에서만 견디니 장기가 온전치 않게 되는 증상이라고 말했다. 더 나빠지기 전에 몸의 주인에게 심장이 반응하며 알려준 것이라 했다.

'잘살아 보려 그런 건데.'
'우리 아이들에게 안정된 미래를 준비해 주고 싶었을 뿐이야.'
'어디서부터 잘못된 걸까.'
'이 상황에서 벗어나는 방법은 무엇일까?'

남편과 의논 후, 살던 집을 전세로 옮겨 급한 불을 끄기로 했다. 2년의 전세 계약이 끝난 뒤, 우리는 같은 아파트 다른 동의 '월세 임차인'이 되어 있었다. 둘째 아이는 가끔 내 눈치를 보며 말했다. "엄마, 제가 알아봤는데요, 월세가 밀리면 나중에 보증금에서 빼고 돌려준대요. 그러니까 월세 안 밀리게 부탁드려요. 그리고 언젠가는 저도 자가에 살고 싶어요."

정신이 번쩍 들었다. 아니, 들어야만 했다. 오랜 기간 미국 주식 투자를 해왔다. "이 정도면 괜찮아."하며 낮은 수익률에 만족했었다. 이대로는 처한 상황을 해결할 수 없다는 생각에 미친 듯이 미국 주식 투자 공부에 파고들었다. 경제 분야 도서의 책을 찾아 읽고 또 읽었다. 모든 끝은 새로운 시작을 품고 있다고 했던가. 주식 투자 수

나는 죽을 때까지 빛나기로 했다

익이 쌓인 어느 날, 아이들 앞에서 말했다. "약속해. 우리 준이가 6학년이 되기 전에 꼭 '자가'에 살기로."

월세로 사는 동안, 부동산 사이트를 매일 들여다보았다. 남동향의 고층 뷰를 가진 멋진 집이 매물로 나오기를 기다렸다. 그러던 어느 날, 시세보다 2억이나 떨어진 원하는 아파트를 발견했다. 우리가 '자가'로 계약하게 될 집은 놀랍게도 2년간 전세를 살았던 집이었다. 전세 임차인이었을 때 임대인의 둘째 아이 출산을 기억하고 축하 케이크를 보냈었다. 우리가 퇴거하고도 재임대가 되지 않아 맘고생을 하던 집주인에게 위로의 메시지와 커피 선물도 했었다.

마음씨 좋고 따뜻한 집주인에게 매수 의사를 밝혔더니, 매매 호가에서 2천만 원이나 통 큰 할인을 해주었다. 한 번 맺은 인연은 귀하게 여긴다. 가벼운 만남과 이별이 반복되는 요즘이라지만 깊이 있는 관계를 추구한다. 인복은 우연히 만들어지지 않으며, 표가 안 나더라도 선한 마음은 결국 돌아오게 돼 있다는 믿음을 가지고 살아왔다. 인복은 '운'이 아니라 쌓아온 '태도'임을 깨달았던 감동의 기억이다.

내가 벌인 일로 4년간 마음고생한 가족들에게 미안했다. 특별한 선물로 보답하고 싶었다. 고민 끝에 아이들의 로망이었던 '호텔 같은 집'을 선물하기로 했다. 3주간의 인테리어를 마치고 이사했다. 미니멀 라이프를 추구하다 보니 살림이 많지 않아 깔끔하다. 손님들로부터 "호텔 같다."라는 칭찬을 들었다. 여전히 해결할 문제가 남아있지만, 한결같은 사랑과 인내로 응원해 준 가족들에게 정말 고맙다.

힘든 순간에 가장 먼저 떠오르는, 넘어져도 다시 일어날 수 있는 단단한 마음과 의지의 중심은 늘 가족이다. 가족의 존재는 어려움 속에서 버틸 수 있도록 용기가 된다. 끝내 이겨내게 만든다. 가정을 지키는 것은 결국 나를 지키는 일이다.

어제의 불행은
오늘의 행운이 된다

"절대로 장남과 결혼해선 안 돼. 아빠가 장남이라, 제사도 많고 온갖 집안 행사 챙기느라 고생하는 엄마 봤지?"

인간의 뇌는 부정을 모른다더니, '결혼해선 안 돼.' 가 아닌, '장남'이라는 단어가 각인 되었나 보다. 나는 삼 형제 중 장남과 결혼했다. 3개월쯤 지났을까. 시어머니로부터 전화가 걸려 왔다. 일주일에 한 번은 아이 소식을 궁금해하셨다. 울리는 전화를 한 번씩 안 받기도 하고, 실수로 받게 되면 회의 중이라고 말씀드리기도 했다. '어머니는 한 달에 한 번도 아니고, 왜 일주일에 한 번씩 임신 소식을 물으시는 걸까, 나는 일주일에 한 번 가임기가 돌아오는 저 세상 생명체인가.'

산부인과에 들러 여러 가지 검사를 받았다. 진료 결과는 불임의 원인 5가지를 말해주고 있었다. 그동안 몰랐던 사실이다. "그래, 내가 가지지 않은 게 뭐겠어. 다 가진 여자야, 나는!" 속상함을 뒤로 하고 나의 임신 프로젝트는 시작되었다. 인공수정과 시험관시술을 몇 번씩 했는지 기억이 안 난다. '가장 예쁘게 반짝이는 지름의 훌륭한 난자를 채취해서 수정하고 키워 이식했다고 했는데…….' '왜 나에게 아기가 오지 않는 걸까.' '이렇게 간절하게 바라고 노력하고 있는데 왜 소식이 없을까.' 만신창이가 된 몸에 복수가 차고 쇼크가 왔다. 119 출동대원은 우리 집 주소를 기억했다. 반복되는 임신에 대한 기내와 실망으로 괴로운 2년을 보냈다. 남편은 시부모님께 "본인의 문제로 아이가 생기지 않으니 아이 없이 살겠다."고 선언했다. 말 없고 단순한 '공대 출신'인 줄만 알았던 남편은 나의 어벤져스였다.

"임신 5주입니다."

산부인과 검진을 마치고 돌아오는 택시에서 나는 울고 또 울었다. 그동안의 말로 다 하지 못했던 고통과 어려움은 눈 녹듯 사라졌다. 그 자리는 감사함으로 채웠다. 며칠이 지나 시작된 하혈로 임신기간의 대부분을 병원에서 보냈다. 자연임신으로 기적처럼 와 준 아기를 꼭 지켜야 했다. 2005년 더운 여름, 아이는 59cm, 4kg으로 건강하게 태어났다. 출산휴가와 육아휴직을 포함해서 1년간의 육아를 하겠다는 야심 찬 꿈을 꾸었지만 꿈으로만 꾸고 끝났다. 복귀 후 상위 고과 약속 미끼를 덥석 물어버린, 어리석은 인간이 거기 있었다. 주말에 친정엄마에게 아이를 맡기고 돌아올 때마다 대성통곡을 하며 부은 눈으로 '삼류 신파극'을 찍었다. '낳기만 하고 맡겨 키운 죄', '수유를 끊은 죄', '고과 욕심을 부린 죄' 등, '무조건 잘못한' 엄마였다.

"퇴행성 디스크입니다. 삼십 대지만, 65세 나이의 디스크에요. 요추 1번부터 4번까지 까맣게 보이죠? 정상의 디스크는 하얗거나 옅은 회색입니다."

큰 아이 돌잔치가 있고 나서 3개월이 지난 주말이었다. 묵직한 허리통증으로 정형외과를 찾아 MRI를 찍었다. '그렇구나. 나는 정말 모든 걸 가진 사람 맞구나.' 디스크는 퇴행화 되어 젊은 사람의 것이 아니었다. 다리에 흐르는 전류가 고통스러웠다. 잔인한 통증으로 더 이상 걸을 수 없게 되었다. 강남에 있는 큰 병원을 찾았다. "수술로 없어질 통증이 아닙니다. 근육을 단련시켜 통증을 최소한으로 느낄 수 있게 관리하는 방법 외에는 없어요. 평생 통증과 친구가 되십시오."라는 말을 했다. 의사는 아이가 있냐고 조심스럽게 물었다. 두 번째 임신은 포기해야 한다고 했다. 임신 중 물러난 척추는 제자리에 돌아올 수 없다고. 허리가 굽은 채로 평생 살게 될 것이라 말했다. 집에 오는 길에 엄마와 나는 하염없이 울었다. 두 살 터울 언니는 소식을 듣고 울며 말했다.

"둘째를 낳고 싶다면 언니가 대리모가 되어줄게."

2년간 병가 휴직을 냈다. 오래전 아빠를 간호했던 엄마는, 이제는 딸을 간호하겠다고 하셨다. 씻길 때는 나를 이불 가운데 눕혔다. 어릴 적 '알라딘 놀이'에 양탄자로 사용했던 이불이 욕실 이동 수단이 되었다. 집안의 자랑이었던 둘째가, 직장에서 승승장구하던 커리어 우먼이 걷지 못하게 되어 돌아 왔을 때, 엄마는 어떤 심정이었을까. 아이가 열나고 기침만 해도 가슴이 철렁 내려앉던데, 나를 보며 얼마나 많이 가슴으로 울었을까. 엄마의 슬픈 눈을 떠올리니 숨이 잘 쉬어지지 않았다. 가슴이 저리고 뻐근했다.

매일 숨죽여 울었다. 흐르는 눈물이 귀에 고이고 넘치기를 반복했다. 현실을 부정하고 싶었다. 원인 모를 자책의 감정이 온몸에 차올랐다. 긍정적인 생각을 가지려 애쓰고 마음을 다잡아도 절대 안 되는 일이 한 가지 있었다. 너무나 어리고 사랑스러운 내 아이를 안아 줄 수 없다는 사실이었다. 엄마가 아이와 함께 할 수 없다는 사실은 삶을 송두리째 절망으로 밀어 넣었다. 젊은 나이에 누워있게 된 일은 살아있지만 죽은 거라고, '차라리 죽는 게 낫다.'라고 생각

나는 죽을 때까지 빛나기로 했다

했다. '영원히 걷지 못하게 되면 나와 우리 가족의 삶은 어떻게 될까.' 신은 너무 가혹하다고, 도저히 용서할 수 없다고 울부짖었다. 하지만 불행 속에 나를 내버려둘 수는 없었다. 운다고, 미치도록 슬퍼한다고 해결될 일이 아니다. 기다리는 가족이 있다. 귀한 내 아이가 있다.

휴대전화가 있었더라면 누워서 넷플릭스 영화를 보며 즐거워했을까. 전자책을 읽는다며 온종일 들여다보았을까. 슬프고 아픈 순간마다 유머 채널을 보며 웃음으로 고통을 회피했을까. 누워서 할 수 있는 일은 독서뿐이었다. 내 삶에서 가장 많은 책을 만났던 시간이다. 그때 읽은 책들은 사진을 찬찬히 들여다보듯 나를 삶의 깊은 곳까지 돌아보게 했다. 한 권, 두 권, 읽은 책이 쌓였다. '나는 어떤 마음을 품은 사람인지', '어떤 태도로 살아왔는지', '아빠를 미워하며 괴로워하는 진짜 이유는 무엇인지' 생각하는 시간이 길었다. 독서가 갖는 힘, 혼자 있는 시간의 힘이란 이런 것일까. 사람은 변하지 않는다던데, 걸을 수 없는 아픔을 겪는 상황에서는 가능한 일일까?

그토록 미워했던 사람은 아빠가 아니라 나 자신이라는 사실을 깨달았다. 손대는 사업마다 약속이라도 한 듯 실패만 반복하며 '지지리 복도 없고 재수 없는 사람'이라고. 자신을 향한 지독한 열등감과 피해의식을 가족을 향해 쏟아냈던 아빠였다. 예상 못 한 교통사고였다고 해도 가난한 삶을 살게 만든 장본인이라는 생각에 아빠를 원망했다. 그런 아빠를 보며, '노력해 봤자 아빠처럼 실패할지 모른다'는 생각을 했다. 열등감과 피해의식을 유전 받았을까 봐 두려웠다. 일이 조금만 틀어져도 아빠를 탓했던 어리석은 나의 내면과 마주했다. 그동안 딸의 미움을 감당하며 마음 아팠을 아빠를 생각하니 너무 죄송하고 슬펐다.

병원을 다시 찾았다. "모든 노력을 하겠다."고 울며 도와달라고 했다. '뇌전증' 환자에게 처방하는 진통제를 받았다. 약을 먹고 통증을 느끼지 못하는 두 시간 동안 걷고 또 걸었다. 스무 바퀴씩 수영하고 오는 날은 고통이 더 심했다. 진통 효과가 줄어들면 통증을 참으며 억지로 잠들려고 노력했다. 매일 밤 눈을 감고 웃으면서도 울었다. 걷는 엄마가 되어 아이 손을 잡고 빙글빙글 도는 꿈을 꾸며 잠이 들었다.

"나는 무조건 다시 걷게 될 거야. 아이와 놀이공원에 가야지. 해외여행도 함께 다니며 평생의 멘토가 되어줄 거야. 내 삶은 걷지 못해 누워있기 전과 후의 삶으로 나뉘는 거야. 걷게 되는 순간부터 1분 1초의 시간도 허투루 쓰지 않을 테니 두고 봐. 내가 모두 해낼 테니까."

"사람은 변하지 않는다."고 하는데, 아니다. 사람은 변할 수 있다. 단 변하고자 하는 의지가 있을 때 가능하다. 퇴행성 디스크로 걷지 못하고 누워있던 시간은 가장 빛나는 시기에 다가온 인생 최고의 불운이라 여겼다. 하지만 그때의 독서는 내 삶을 바꾸었다. "나를 죽이지 못하는 고통은 결국 나를 더 강하게 만든다."는 니체의 글은 나에게 굳은 용기를 주었다. 걷게 되어 누릴 많은 일을 계획했다. 행복하게 걷는 일상을 사는 모습을 끊임없이 상상했다. 이미 이루어진 것처럼 미리 기쁨을 느꼈다. 다시 걷는 나를 만나게 될 미래에 희망을 품었다.

인생에서 겪는 어려움과 시련은 나를 무너뜨릴 수 없다. 고통은 더 강한 나로 단련시켜 움직이게 했다. 걸을 수 없을 거라고, 아이를 갖게 되면 허리가 굽은 채로 늙어갈 거라고 의사는 말했지만 나는 꼿꼿이 걸으며 일상을 누리고 있다. 그리고 곁에는 둘째 아이도 있다. 생각 자체는 우리를 변화시키지 않는다. 생각에 대한 우리의 반응과 태도가 행동하게 만든다.

복직 서류를 제출하기 전 인사 담당은 내게 전화를 걸어 퇴직 여부를 물었다. "아닙니다. 복귀할 거예요. 그리고 퇴직은 제가 결정합니다." 복직 후 몇 달이 지나 우리 가족은 유럽 주재원의 삶을 선택했다. 그리고 내 손에는 사직서가 들려 있었다. "유럽에서의 삶을 통해 귀한 경험과 여유를 되찾겠노라."고 상무님께 마지막 인사를 드렸다. 아이의 작은 손을 잡고 비엔나 공항에 도착했다.

"반갑다. 비엔나! 다시 걷는 내가 왔다."

나는 죽을 때까지 빛나기로 했다

잔잔하게 사유하고
의미 있게 변화하기

휴대전화가 울린다. 서울에서 혼자 사는 대학생 큰 아이다.

"엄마, 통화 괜찮으세요? 저, 열이 나고 목에 통증이 심해요."

"응, 엄마는 아들 전화는 언제나 좋아. 언제부터 아팠어? 병원은?"

"이따 가보려고 해요. 엄마, 그것보다…."

"응, 어떤 말이든 엄마에게 해도 괜찮아."

"아프니까 서러워요. 안 아프고 혼자 있을 때보다 열 배 외로운 느낌이 들어요."

"맞아. 아픈 것도 서러운데, 더 외롭지. 엄마 목소리가 도움이 되면 좋겠어."

아이가 고등학생이 되면서부터 '언제나 미안한 엄마'로 살았다. 학원 수업이 끝난 아이를 데리고 와 늦은 저녁을 챙기면서도 마음 한구석이 불편했다. 학교에 제출할 서류를 아이가 빠뜨리면 '혹시라도 챙길 거 있냐며 한 번 더 물어볼 걸.' 하며 내가 소홀한 탓으로 돌리기도 했다. 차 막히는 금요일 저녁, 아이를 태우고 미술학원에 가는 길이 막히면 안절부절못했다. 재수 학원에 다니며 유난히 수척해 보이는 아이 얼굴을 볼 때면 '더 신경 쓰고 챙겨야 했는데.' 하며 마음을 썼다. '그 상황엔 엄마들이 다 그렇지.' 하며 생각하려 했지만, 수험생 엄마로 실었던 그 시절 나는 약도 없는 '미안해 병'에 걸린 게 확실했다.

'지금 운전해서 출발하면 1시간 20분이면 도착하겠지?'
'이봐요, 어머니, 집착은 내려두시고 어서 정신 차리세요!'

지금 내가 무슨 생각을 한 걸까. '만나서 부축해서 병원 데려가려고? 걔는 발이 없대? 길만 건너면 널린 게 병원인데 진료받고 약 먹으면 좋아질 텐데 뭘 그렇게까지. 누가 아들 바보 엄마 아니랄까봐.' 흔한 감기 몸살에 무슨 호들갑인가 싶어 헛웃음이 났다. 다 큰 아이를 어린아이 대하듯 하는 어리석음은 어디에 숨어있다 나온 걸까. 정말 독립이 필요한 사람은 아이가 아니라 나였음을 새삼 깨닫

나는 죽을 때까지 빛나기로 했다

는다. 그동안 아이는 가족의 품 안에서 편안함을 느끼며 살았지만, 이제는 부족함도 외로움도 느끼는 게 맞다. 아이 삶의 주인공은 언제나 아이. 두렵고 아파도 버티고 용기 내며 삶을 이어 나가야 한다. 그래야 단단하고 행복한 삶을 살 수 있다. 아이는 아이 삶에서, 나는 내 인생에서 잘 살아갈 수 있을 거라는 믿음을 가지고 서로 지켜보면 될 일이다.

어느덧 결혼 24년 차다. '엄마 노릇', '아내 노릇', '며느리 노릇', '자식 노릇'하느라 내 안의 자존감을 자주 꺼내 썼다. 모든 노릇을 완벽히 하려 하니 때때로 과부하가 걸렸다. 알아차리지 못하고 지날 때도 있었다. 설령 알게 된다 해도 상황이 바뀌는 건 아니라며 포기했을 수도 있다. 최선을 다했지만 결과가 마음에 안 들 때도 있고, 힘을 다해도 제자리일 때도 있었다. 인간관계에서 나의 진심을 보여주고 노력했는데 오해를 받는 날은 '내 마음 그릇이 부족한가?' 싶어 자책하며 나를 몰아세우기도 했다. 더 이상 꺼내 쓸 자존감이 없어 마음이 흔들리는 날이 있다. 그런 날에도 한결같은 태도를 유지해야 한다는 생각에 '뭘 해야 하나' 고민하다가 책을 펼친다. 그리고 나에게 말한다. "나를 잃으면서까지 지켜야 할 관계는 세상에 없다."

수많은 역할에서 노력이 필요하다고 느껴지는 날에 쓰는 나만의 비법이 있다. 필사와 낭독이다. 저자의 글을 천천히 음미하며 읽는다. 글쓴이와는 다른, 나만의 의미를 발견하고 사색한다. 낭독을 통해 나에게 가장 좋은 글을, 예쁜 목소리로 들려준다. 천천히 페이지를 넘기며 나와의 대화를 시작한다. 나를 지켜내는 방법은 그런 것들이다.

"세상에 그냥 집에서 노는 엄마는 없다. 온 가족의 중심으로 살아내느라, 가족들이 자기 삶을 살 수 있도록 중심 잡느라 사실은 하루 종일 애쓰는 거다. 그렇게 우리는 너무나 소중한 리더십을 발휘하면서 살아간다."

김미경 작가의 《엄마의 자존감 공부》에 나오는 글귀다. 이 책을 읽을 때가 어린 둘째 아이를 돌보던 시기였다. 반복되는 일상의 지루함과 아이를 향한 분주함에 내 모습이 초라하게 느껴지는 날이 있었다. 나의 정체성이 '육아'라는 틀에 갇혀 있는 듯한 답답함도 느꼈다. 그때 저 글이 무척 반가웠다. 나 자신을 돌아볼 용기와 힘이 되었다. 더불어 알게 된 것은 온 가족의 중심을 지켜내는 아주 귀한 존재가 나라는 사실이었다. 지금의 나는, 자타공인 우리 집안 실세다.

온 가족의 중심으로 살아낸 시간과 경험에서 나를 지킬 수 있는 방법을 찾았다. 책과 함께하는 조용한 일상, 마음을 편안하게 하는 루틴을 실천하는 것의 소중함을 알았다. 하고 싶은 일과 좋아하는 것들로 열정을 보듬는 일은 지금의 단단한 나로 만들었다. 책 몇 권 읽는다고 하루아침에 삶이 바뀌지는 않는다. 하지만 꾸준한 반복과 지속적인 습관은 삶을 바꾼다. 꾸준히 쌓인 노력이 차이를 만든다고 했다. 그것은 재능도 아니고, 운도 아니다. 단지 누구나 할 수 있는 하나의 선택일 뿐이다. 필사와 낭독, 매일 한 권 독서는, 단순하지만 내 삶에 다가오는 온갖 풍파를 버텨내는 힘이고 운명을 디자인하는 나만의 방식이다. 단단함은 결코 굳은 결심에서 오는 것도 아니며, 내 안에 가진 것으로 만들 수 있는 것도 아니다. 삶을 버티는 기준과 방식, 조용한 꾸준함의 태도가 우리를 만든다.

온전히 나에게 집중하는 삶을 살아보자. 태어나서 나로 살아가는 삶은 한 번뿐임을 되새기며, 귀한 시간과 에너지를 나에게 쏟는 삶을 살아야 한다. 삶의 우선순위에 늘 자신을 두자. 인생이라는 연극 무대의 스포트라이트를 받는 주인공은 바로 나다. 관계와 대화의 중심, 삶에 대한 선택과 결정의 중심에 서 있도록 하자.

"인생에 단 하루도 같은 날은 없습니다.
다시 오지 않을 오늘처럼 살아가시길 소망합니다."

북 토크 콘서트의 마무리 멘트에 늘 하는 말이다. 다시 오지 않는 오늘, 인생에 단 하루도 같은 날이 없다는 사실을 기억하길 바란다. 순간순간 행복을 만끽하며 나를 잃으면서까지 지켜야 할 것은 세상에 없다는 말도 기억하면 좋겠다. 나를 사랑하고 마음을 돌보는 일을 최우선에 둔다면 힘든 순간도 견디고 버텨내는 기특한 자신을 만나게 될 것이다.

나는 죽을 때까지 빛나기로 했다

2장

설레는 하루를 여는 습관

아침 독서

100권 독서의 여정을 시작하다

"아침 드라마 봤어? 기가 막히더라. 알고 보니 시어머니가 어렸을 때 친모였다잖아. 반찬가게 최 씨 딸 얘기도 어이없어. 결혼을 약속한 신랑이 어릴 때 헤어진 친오빠였다지?"

막장 오브 막장 이야기임에도 불구하고 아침 드라마의 시청률은 고정된 두 자릿수라고 한다. 이건 뭐 양파도 아니고 블랙홀도 아닌 것이 까도 까도 알 수 없는 미궁 속으로 빠져들게 한다. 중학교 때부터 TV대신 책에 빠져 살았던 나는, 지금껏 드라마를 본 적이 없어서 동네 엄마들과 대화가 안 통한다. 대화에 끼고 싶은 마음에 한번은 인기 많다는 아침 드라마를 시청하려고 TV앞에 앉았다. 앞뒤 이야기를 모르니 막장인지 아닌지조차 모르겠다. 아침 시간에 공중파에서 어이없는 이야기의 드라마를 볼 수 있다는 사실이 신기했다. 10분 정도 지났을까. 어디서부터 풀어야 할지 모르는 엉킨 실

나는 죽을 때까지 빛나기로 했다

타래처럼 머릿속이 복잡하게 꼬이며 두통이 왔다.

각자의 아침 풍경은 모두 다르다. 누군가는 소파에 누워 드라마를 보며 등장인물에 빙의 된 시간을 보내고, 워킹맘은 출근 후 업무 준비를 하는 시간일 것이다. 어느 집 주부는 가족들을 챙기며 분주한 시간을 마치고 부족한 잠을 보충할 수도 있다. 나는 남다른 엄마가 되고 싶었다. 누구도 궁금해하거나 묻지 않았지만 보통의 엄마들과 다른 방식의 삶을 살고 싶었다. 주도적이고 열정적인 삶을 이끌어가는 방법에 대해 깊이 고민하는 일상을 보냈다.

초등학생 때 학교에서 집에오니, 엄마는 마루에 앉아 책을 읽고 계셨다. 가만히 다가가 제목을 들여다봤다. 에밀리 브론테의《폭풍의 언덕》이다. 누런 종이에 까만 글씨가 세로로 적혀 있고 오른쪽에서 왼쪽으로 페이지를 넘기는 책이 신기했다. 독서하는 엄마 모습이 지금도 눈에 선하다. 입가에 잔잔히 드리워진 미소, 호기심 가득한 눈동자가 위아래로 천천히 이동하는 모습을 보며 '엄마는 책이 저리도 재밌을까.' 생각했다. 독서에 집중하는 엄마 모습은 정말 아름다웠다. 칠순이 넘은 엄마는 몇 년 전 양쪽 모두 백내장 수술을 했다. "눈 나빠지면 읽고 싶어도 못 읽어. 눈 좋을 때 실컷 읽어." 하신다.

매일 아침 6시 30분, 아침 독서 시간이다. 커피머신의 커피 그림을 지그시 눌렀다. '과테말라 엘모리토 스페셜티.' 원두 향이 집안 가득 퍼진다. 전날 테이블에 올려 둔 책을 펼친다. 미소를 머금은 나는 글귀들을 눈으로 따라가다 인상적인 문장을 만나면 노란 형광펜으로 줄을 그었다. 커피 한 모금을 음미하며 줄 그은 부분을 다시 읽는다. 라흐마니노프의 피아노 협주곡 2번 1악장이 3악장을 향하는지도 모르고 읽어 내려간다. 그렇다. 독서로 시작하는 아침 풍경이다. 공기의 방해조차 받지 않고 나에게 집중할 수 있는 시간이다.

처음 아침 독서 목표는 '하루 한 권' 100권 읽기였다. '한 달에 한두 권이면 어찌 해 볼 만도 한데 왜 하필 100권일까?', '제대로 읽기나 한 것일까?', '많이 읽는 것보다 잘 읽는 게 중요하지 않나?' 하는 생각이 들 수 있다. 하지만 꼭 알려주고 싶다. 질적인 향상이 있으려면 반드시 양적인 조건이 충족돼야만 한다는 사실이다. 많이 읽지 않고는 꾸준한 독서 습관을 갖기가 어렵다. '매일 읽는다'라는 의식의 흐름이 무의식에 각인될 때까지 해야 한다. 최소 100권을 읽는 경험을 통해 뇌는 '책 읽는 꾸준함'을 기억하기 시작한다. '양'을 넘어서야 비로소 '질'적인 독서가 가능하다.

한 연구에 따르면, 단 6분의 독서로 스트레스가 68% 감소한다고 한다. 독서는 '어제보다 나은 오늘'이 될 기회를 선물한다. 사람들은 독서가 삶에 도움이 된다는 사실과 책을 읽으면 좋다는 것도 알고 있지만 정작 실행은 하지 않는다. 반복되는 일상에서 각자의 열정으로 사는데도 불구하고 원인 모를 공허함이 느껴진다면, 아침 독서 100권을 시작으로 공백을 채워가면 좋겠다. 내가 원하는 것을 원하는 시간에 하는 일은 나를 돌보는 다정한 습관이 된다.

단 한 권도 읽기 힘든 이들을 위해 조언하고 싶다. 책을 샀다고 해서 바로 읽기 시작해야 하는 것은 아니다. 한 페이지라도 펼치는 행동이 중요하다. 완독해야 한다는 부담을 갖지 않아도 된다. 당장 읽고 싶지 않다면 나중을 기약하며 책장에 꽂아두어도 된다. 유명 작가의 책을 소장하고 싶어 사 두는 것도 괜찮다. 나에게는 유발 하라리의 책이 그랬다. 《호모데우스》와 《사피엔스》는 대충 읽었다. 《넥서스》는 아직 한 페이지도 읽지 않았다. 분명한 것은, 책 한 권 안 읽는 사람보다 한 권이라도 사서 곁에 두는 사람이 100배 낫다는 사실이다. 읽지도 않으면서 왜 사들이냐고 비웃지 말자. SNS에 '있어 보이는' 표지 사진을 올리고 한쪽에 치워두었다가 시간이 지나 몇 장 읽어도 된다. 딱 한 문장만 마음에 남아도 삶에 씨앗이 된다.

"독서의 힘은 당장의 쓰임이 아니라, 시간이 지나면서 서서히 드러난다. 어려운 책을 읽든 아니든, 일단 책을 읽으면 그 과정에서 사고력이 길러지고 세상을 보는 눈이 넓어진다."

독서광 율곡 이이의 말이다. 내 생각도 그렇다. 시작은 누구나 부담이 없어야 한다. 몇 페이지를 들추는 것으로 시작해도 된다. 삶에 적용할 한 두 문장만 발견해도 시간이 지나면 지혜와 통찰로 모습을 드러낸다. 황석영 작가는 독서와 운동은 같은 거라고 했다. 운동을 시작하는 사람이 작은 아령으로 근육을 키워야지, 처음부터 무거운 것을 들면 병이 난다고 했다. 독서 또한 서서히 시작하라고 했다. 책 읽는 엄마로 보이는 허세를 부릴지언정 시작 자체에 의미를 두자.

"끊임없이 책을 읽는데 피곤하지 않아?" 지인들이 묻는다. 나에게는 독서가 휴식이고 쉼이라고 답했다. 행복과 휴식에 대한 정의를 동일시하며 아무것도 안 하는 자체가 휴식이라고 생각하는 사람이 많다. 진정으로 원하고 좋아하는 일을 실천하는 것이 내게는 온전한 쉼이다. 심리학에 따르면, 하루의 첫 10분 감정이 그날 전체의 기분을 결정한다고 한다. 아침에 본 뉴스, 대화, 얼굴 하나가 온종일 영향을 준다고. 그래서 아침에 가장 좋은 걸 먼저 보는 게 중요하다고 했다. 하루의 시작을 독서로 하는 것이 어떨지 진지하게 고민해 보기 바란다.

100권을 향한 아침 독서의 여정은 600권을 향하고 있다. 오늘의 독서는 내일이 되면 어제의 독서가 된다. 반복되는 아침과 하루의 연속이지만, 우리 삶에 단 하루도 같은 날과 같은 아침은 오지 않는다. 의미 있는 아침을 시작하고 싶은가? 빛나는 햇살이 식탁에 그림

나는 죽을 때까지 빛나기로 했다

을 그리기 시작하면 책 한 권을 펼치자. 선물 같은 아침을 여는 주
인공이 되어 내 시간을 예쁘게 디자인하자.

책이 있는 테이블, 감성 사진 이야기

어릴 적부터 사진 찍는 일이 좋았다. 내가 중학생이었을 때, 친척 한 분이 일본 여행을 다녀온다는 소식을 들은 아빠는 카메라 구입을 부탁하셨다. 지금은 디지털카메라와 휴대전화의 카메라 기능을 사용해도 훌륭한 화질의 사진을 얻을 수 있지만 당시는 필름을 갈아 끼워 넣어야 하는 필름 카메라였다. 그때부터 나는 사진작가가 되었다. 온 동네를 쏘다니며 만나는 순간을 모두 카메라에 담았다.

사회 초년생일 때 문화센터에서 진행하는 저녁 반 '사진 수업'을 들었다. 퇴근 후 설레는 마음으로 즐겁게 배우는 시간이었다. 사진작가인 강사님은 석 달의 과정이 끝나고 아마추어 사진작가 팀을 만들어 주셨다. 주말이 되면 숲이 우거진 공원이나 나무가 울창한 산책로에서 만나 함께 사진을 찍었다. 구도를 맞추고 필터를 씌워 몽환적인 사진도 연출했다. 빛을 조절할 때마다 다르게 나오는 사진이 신기했다. 만족스러운 사진을 얻기 위한 기다림의 시간, 빛의 감각으로 만들어지는 결과물을 보며 행복했다.

7년 동안 지속했던 독서 모임에서의 만남은 어느 순간 지루한 숙제처럼 느껴졌다. 고요한 시간에 즐기는 혼자만의 독서 시간을 나에게 선물하고 싶었다. 아침 햇살이 식탁 위를 가득 차지한 어느 날 문득 좋은 생각이 났다. "그래, 가장 편안하고 행복한 공간에서 나만의 감성 독서를 하는 거야." 그렇게 시작한 독서는 '즐겁고 편안한 책 읽기' 루틴으로 자리 잡았다.

매일 아침 눈 부신 햇살은 창문을 통해 식탁까지 들어왔다. 잠시 머물고 사라지는 햇빛이 아쉽다. '일생에 단 하루도 같은 날이 없는데…….', '왜 아름다운 것은 짧게 지나갈까?', '소중한 것은 금방 그리움이 되어버리네.' 하는 생각이 들었다. 가장 좋아하는 일, 아름다운 것을 눈으로만 보기에 아까웠다. 그때부터 나의 감성 테이블 독서 기록은 시작되었다. 매일 독서하는 시공간을 사진에 담았다.

아침 햇살 가득한 식탁, 나만의 공간에서 책을 읽고 사색하는 시간. '저세상 우아함'이 가득한 풍경이다. 일주일에 한두 번 가까운 마트에 들러 생화를 샀다. 부잣집 식탁 위에는 늘 생화가 있다던데, 부자는 아니지만 우리 집에도 생화가 있다. 마트에서 파는 꽃의 가격은 놀라웠다. 작은 묶음 한 다발에 2천5백 원부터 4천 원의 가격으로 살 수 있다. 따뜻한 날은 소녀의 사랑스러운 볼 같은 장미를, 비가 오는 날은 '함께 있기에 아름답다'는 안개꽃을 데려왔다.

매일 아침 원두를 고르고, 책 표지와 어울리는 색감의 커피잔을 맞추는 즐거움은 소소하지만 큰 행복이다. '구입한 물건 중 가장 잘 산 물건'인 스위스 커피머신은 그라인딩부터 에스프레소 추출, 세척까지 전자동이다. 디저트 고르는 일에도 정성을 쏟는다. 선물 받아 아껴둔 달콤한 쿠키, 기억력이 감퇴하나 싶어 신경 쓰이는 날은 견과류, 당 충전이 필요하다는 핑계를 만들어 초콜릿케이크를 준비하기도 한다. 커피 향기가 그리운 날은 고소한 풍미의 '과테말라 엘 모리토 스페셜티' 아메리카노 한 잔을 마신다. 비 오는 촉촉한 수요일은 과일 향과 초콜릿 향이 어우러진 '마리아쥬 플뢰르 홍차'로 마음까지 따뜻하게 적신다. '라흐마니노프 피아노 협주곡 2번의 전 악장'으로 공간을 채운다. 감성 가득 품은 독서 테이블이 완성되었다. 진정한 '오감 만족'의 시간이 아닌가.

"인간은 본능적으로 아름다운 것에 끌리지만, 그 아름다움을 발견하는 능력이 저절로 생겨나지는 않는다."

윤광준 저자의 책《심미안 수업》에 나오는 문장이다. 아름다움을 느낀다는 것은 가치를 알아보는 눈을 갖는 일이며 나만의 기쁨을 찾는 일이다. 누군가는 식탁 위에 펼친 책과 함께 즐기는 커피와 디저트 사진이 뭐 그리 대단하냐고 할지 모른다. 매일 다른 감성을

나는 죽을 때까지 빛나기로 했다

사진으로 남긴 아름다운 아침 독서 시간

품은 독서 풍경을 사진으로 남기는 일은 절대 단순하지 않다. 일상이 아름다우면 결핍을 느끼지 않는다고 했다. 일상의 흔적을 기록하고 기억에 담는 일은 보다 나은 삶의 가치를 만든다. 삶을 둘러싼 좁은 공간을 확장하는 마법을 가지고 있다.

독서의 아름다운 순간을 사진으로 남겼다. 아침 시간을 귀하게 보냈다는 삶의 증거다. 독서는 나를 더욱 존중하는 태도를 갖게 한다. 돈 들이지 않고도 품격과 품위를 갖출 수 있는 지혜를 주었다. 깊이 생각하는 힘은 삶을 단련하는 일에 도움이 되었다. 오감을 만족시키고 강한 자존감을 유지할수 있게 했다. 읽고 싶은 책을 마음껏 읽는 일, 내면을 자주 들여다보며 성장하는 기록, 그 자체가 보물이다.

아침 독서는 어제와 다른 놀라운 오늘을 만나는 일이다. 글 쓰는 일로 타인의 삶에 긍정적인 영향을 주고싶다는 용기를 품었다. 작가의 꿈을 꾸는 나, 진심을 책에 가득 담아 독자들과 만나고 싶다. 꾸준한 독서로 얻은 감성과 지혜는 오늘도 단단한 성장으로 이끈다. 고요한 시간에 느끼는 편안함과 아름다운 일상은 나를 돌보는 시간이자, 내면의 균형을 잡는 시간이다.

나는 죽을 때까지 빛나기로 했다

SNS에 매일 서평 올리는 즐거움

글을 읽기 시작할 때부터 책과 함께했다. 중학생이 되면서 아예 TV를 켜지 않았다. 가족들이 영화나 드라마를 보고 있으면 내 방에서 혼자 책을 읽었다. 책에 빠져 사는 나를 가족 누구도 관심 두지 않았다. 심심하면 책 보는 아이로 여겼다. 두 살 위 언니는 책은 '라면 받침대'나 '기울어진 책상 다리의 균형을 맞추는 데 쓰는 것'이라고 했다. "책이 그렇게 재밌어?" 물으며 이해할 수 없는 얼굴을 했다. 지금도 언니는 "책 읽는 습관이 들지 않아 한 권조차 읽기가 힘들다."고 말한다. 가끔은 내가 먼저 읽고 핵심만 요약해서 주기도 한다.

지식을 얻거나 결과를 만들기 위한 목적으로 책을 읽지 않았다. 이야기 전개 방식이 궁금했고 읽는 동안은 나도 책 속에 존재하는 것처럼 느꼈다. 마치 그들과 같은 시공간을 여행하는 듯 생생한 느낌이었다고 할까. 위인들의 고난과 도전, 성취에 관한 책을 읽을 때는 함께 묘책을 찾으며 고민했다. 지금 와서 생각하니 혼자 하는 책 읽기로 외로움을 느꼈을 법도 하다. 책을 읽으며 나눌 사람이 없어 답답하기도 했지만 그 시절 독서 습관이 지금까지 이어졌다. 쌓인 독서 습관은 인스타그램에 매일 서평을 쓰는 계기가 되었다. 다독하는 태도는 서평하는 다른 사람들과 차이를 만들어 냈다. 출판사로부터 신간 도서를 제공받을 수 있어 감사한 요즘이다.

하루도 빠짐없이 문 앞에 택배가 온다. 하루에 두 권, 많게는 다섯 권의 책이 도착하기도 했다. 몇 년 전 100권 독서를 시작으로 나는 매일 한 권의 독서를 하고 있다. 한 달에 평균 40만 원 정도의 책 구매 비용은 만만치 않았다. "여보, 제가 이번 달에는 와인을 딱 두 병만 마실게요. 책을 너무 많이 샀거든요." 남편에게 미안한 마음을 전했는데, 남편은 "다른 것도 아니고 당신 좋아하는 책이니, 책값은 아까워하지 말아요." 라고 말해주었다.

올해부터는 책 구입 부담이 1/10로 줄었다. 인스타그램을 드나들며 출판사의 오피셜 계정을 팔로잉했다. 출판사나 서포터즈들이 올리는 서평 모집 글을 통해 책을 협찬받을 수 있다는 사실을 알게 되었다. 서평을 신청하면 거의 100% 선정이 되고, 출판사로부터 서평 권유 메일이 오거나 저자로부터 직접 책을 선물 받기도 한다. 서평단 당첨 1순위의 행운은 어디서 오는 것일까. 소위 말하는 '인플루언서'의 대열에 나도 함께할 수 있게 되었나 보다. 책 구입 부담은 이제 먼 우주로 날려버려도 된다. 그토록 사랑하는 독서를 돈 생

나는 죽을 때까지 빛나기로 했다

각하지 않고 맘껏 즐길 수 있다는 사실은 내 삶에 큰 축복이다.

매일 한 권의 독서를 결심하며 나와 네 가지 약속을 했다. 첫 번째는, 다음 날 읽을 책을 미리 테이블에 올려 두고 잠드는 것이다. 두 번째, 그날의 책을 읽으며 마음에 드는 문장은 형광펜으로 줄을 긋고 사진 찍기, 세 번째는 모음 사진의 글귀들을 다시 읽고 요약하기다. 마지막으로 인스타그램에 감성 테이블 독서 사진을 서평과 함께 올리는 일이다. 피드에 방문하는 팔로워들과 공유하며 독서가 주는 일상의 즐거움을 알리고 있다. 함께 읽는 독서의 에너지를 느끼게 하고 싶은 소망을 향한 노력이다.

아침 필사와 낭독이 끝나면 정오까지는 책 한 권을 완독한 다음 인스타그램에 독서 영상과 서평을 올린다. "어떻게 오전 시간에 책 한 권을 읽을 수 있어?"라고 지인이 물으면, 나는 "무조건 가능한 일이고 누구나 할 수 있어."라고 눈을 반짝거리며 답한다. '어서 같이 하겠다고 말해. 어서!' 그들에게 나의 간절한 마음이 닿기를 바라며 텔레파시를 보내지만, 그들은 "그냥 살던 대로 살래." 하며 고개를 흔든다.

해외 출장을 떠난 남편의 부재 속에 두 아이를 키우며 대학원을 다니던 시절, 수백 편의 논문을 요약하고 수업을 준비했던 경험은 속독이 가능하게 했다. 오전 6시 30분에서 7시 사이에 시작하는 아침 독서는 '벽돌을 닮은 책'이 아닌 이상 5시간 이내에 완독이 가능하다. 이 글을 읽으며 누군가는 '그렇게 못 할 것 같다', '안 될 것 같다'며 시도하지 않고 포기할 수도 있다. 하지만 되는지 안 되는지 먼저 해보면 좋겠다. 서평단으로 받아 한 번씩 읽은 책이 집에 가득 쌓여 있는데, 연락해 주신 분에게 원하는 만큼 나눌 것을 약속한다.

"오늘 아침 독서를 기다렸어요."

"어쩌면 그렇게 핵심을 잘 파악하고 요약하시는 거지요?"

"인상적인 문장이 눈에 쏙 들어와요. 비체님의 생각을 본받고 싶어요."

"요즘 어떤 책을 읽을까 고민했는데, 이 책을 주문하면 되겠어요."

"형광펜으로 밑줄 그어진 책의 영상을 보니 빨리 읽고 싶어졌어요."

지금 나의 인스타그램 팔로워 수는 3천7백 명을 향해가고 있다. 좋은 글을 나눌 수 있는 공간에서 함께 소통하는 즐거움을 세상 그 무엇에 비할 수 있을까. 독서가 갖는 의미, 좋은 책이 주는 힘이 일상에서 발휘하는 위력을 많은 사람들이 알면 좋겠다.

아침을 시작하는 꾸준한 독서로 다양한 행복을 경험하고 있다.

나는 죽을 때까지 빛나기로 했다

'오늘도 최고의 날이 될 기대'를 품는다. 성공한 사람들은 꾸준히 실천하는 사람이다. 그 시간이 익숙해져 다음 도전을 감당해 낼 수 있다. 매일 하루 한 권의 독서는 어떤 도전도 두렵지 않게 만든다. 삶에 '다름'을 선물한다. 나만의 기준과 방식으로 미래를 향해 용기 있게 나아갈 수 있다. 책 읽는 시간은 하루를 고요하게 열어주는 명상과 같다. 책은 인생의 멘토가 되어 고통 속에 있을 때도 흔들리지 않게 잡아준다. 미처 놓친 삶의 가능성의 조각을 발견하고 실천하게 한다.

서평은 단순한 독서 감상문이 아니다. 비판적 사고 능력과 소통 능력을 동시에 키울 수 있는 효과적인 방법이다. 서평의 장점은 여러 가지다. 책을 읽고 얻은 지식과 감상을 체계적으로 정리할 수 있다. 생각하는 힘과 표현력을 키울 수 있고 타인과 지식을 공유할 수 있다. 서평 쓰는 과정에서 어휘력이 향상되는 경험을 했다. 글쓰기 실력도 자연스럽게 늘었다.

나는 책을 통해 연결된 사람들에게 힘이 되어주고 싶다. 삶과 글에서 빛나는 사람으로 그들곁에 존재하고 싶다. 사소한 경험이 누군가에게 희망이 되고 영감이 되어 함께 성장하고 싶다.

진짜 행복이 무엇인지 더 많이 찾아내길 원한다. 괴테는 "여행의 목적은 그곳으로의 도착이 아니라 여행 그 자체다."라고 했다. 나에

게 있어 책을 읽고 소통하는 일은 타인의 인정이나 개인적 성취에
의미를 두지 않는 '삶, 그 자체'다.

나는 죽을 때까지 빛나기로 했다

불안한 삶에 필요한 작은 습관

테이블 위 화병에 꽂힌 안개꽃, 얼음 가득한 커피 한 잔, 치즈 케이크 한 조각, 방금 도착한 신간 한 권, 창을 통해 들어오는 바람과 햇살, 거실 한편에서 날 바라보며 서 있는 첼로, 익어가는 구아바 열매, 보고 싶다는 친구의 문자…. 행복을 느끼는 일은 거창하지 않다. 평온한 삶은 의외로 작고 따뜻한 것들 위에 세워진다. 삶의 위기를 맞고 버티기 힘든 순간에서 무너지지 않게 한다.

철학자 블레즈 파스칼은 "인간의 모든 불행은 방 안에 혼자 가만히 있지 못하는 데서 나온다."고 했다. 가만히 방에 있어야 불행하지 않다는 말이 아니다. 온전히 자기 자신에게 집중하는 시간을 가지라는 뜻이다. 나다운 인생을 살고 싶다면 먼저 자기 내면을 살펴야 한다. 하지만 자신을 깊이 들여다보는 일에는 상당한 용기가 필요하다. 사람들은 내면의 '불편한 진실'을 알고 싶지 않아 바쁜 일상에 자신을 몰아넣고 외면하기도 한다.

'편한 거짓'을 선택했다면 그저 마음 편히 살면 되는데, '이대로 내 삶은 괜찮은지' 때때로 불안과 두려움을 마주한다. 나는 편한 거짓보다는 불편한 진실을 파헤쳐서 제대로 알아야만 직성이 풀린다. 방 한가운데 음식물 쓰레기를 두고 이불로 덮어 놓는다고 생각해 보자. 시간이 흐르면 쓰레기와 이불을 모두 버려야 한다. 가능하면 빨리 냄새의 원인인 쓰레기를 제거하고 이불을 세탁하면 된다. 두렵다고 덮어 놓아서는 안 될 일이다.

매월의 첫날, 언제나 하는 일이 있다. 필사 노트에 적힌 문장 중 독서 모임 카톡방에 올릴 한 달 치 글귀를 정해 휴대전화의 메모장에 정리한다. 매일 아침 6시 20분이 되면, 독서 모임 〈서우〉의 카톡방에 철학자의 명언이나 읽었던 책의 인상적인 글귀를 올린다. 아침을 시작하며 좋은 글을 만나는 일은 삶을 채우는 충만함 중 하나다. 꼭 그들만을 위한 일은 아니다. 매일 같은 시간에 글을 올리는 나를 두고 모임 멤버들은 어떻게 그렇게 단 하루도 빠짐없이 올릴 수 있는지 신기해하고 고마워한다. 나와 모두를 아끼는 마음으로 좋은 글을 공유한다. 모임 멤버들의 하루가 용기와 열정으로 시작하길 바라는 마음이 담긴 일이다.

"나는 어제보다 나은 오늘의 내가 된다."

"최선을 다해 나를 사랑하고 아낀다."
"찬란한 순간을 기다리지 않고 매 순간을 찬란하게 만든다."

매일 아침 외치는 확언이다. 어제 몰랐다면 오늘 배우면 된다. 사소한 감정도 지나치지 않고 자주 나를 들여다보고 아프면 보듬는다. 부족한 결정에도 내 편을 들며 "그럴만한 상황이었어. 그때는 이게 최선이었어."라며 다독인다. 행복한 순간은 내가 만들 수 있다는 확신을 마음에 새긴다.

큰 아이가 미술대학 실기를 앞둔 어느 날이었다. 서울의 한 미술학원 근처에 숙소를 얻어 두고 이른 아침부터 밤늦게까지 실기를 준비하는 아이에게 드는 비용이 만만치 않았다. 가진 명품 가방 중 가장 값나갈 만한 것을 골라 중고 판매처에 올렸다. 가방 사진을 찍고 상태와 가격을 적어 글을 올린 다음, 가방을 포장하고 상자에 넣어 차 트렁크에 넣어두었다. 구매자가 댓글을 남기기도 전에 거래를 앞둔 사람으로 행동하는 습관이 몸에 배었다. 소망하는 것을 머리로만 생각하거나 말로만 하지 않는다. 어떤 일이든 이미 이룬 것처럼 행동한다.

"언니, 나는 미리 걱정을 해두면 생각보다 일이 잘 안되었을 때 실망이 덜하게 돼요."

지인의 말이다. 불안과 걱정 속에 제 발로 들어가 앉아 있는 듯해 안타까운 마음이 들었다. 다가오지 않은 걱정을 굳이 왜 하는지, 미리 해둔 걱정을 저축해서 이자 붙어 좋을 일도 아닌데, 나만의 방법을 알려주고 싶었다.

조세프 응우옌의 책 《당신이 생각하는 것을 모든 믿지 말라》에서 저자는 우리가 삶에서 수많은 고통을 겪는다 해도 그것을 괴로움으로 받아들이는 것은 각자의 선택이라고 했다. 인생에서 예상치 못한 고통을 피할 수는 없지만 어떻게 대응할지는 우리 자신에게 달려 있다는 의미다. 힘든 상황에서 괴로움을 겪을지 말지는 우리의 선택이다. 나는 두려움 앞에서 망설이지 않는다. 어떤 생각이 나를 위한 것인지 빠르게 고민하고 선택한다. 결과에 대해서는 어떻게든 책임지면 된다.

단단한 일상의 흐름을 이어가려면 긍정적인 생각이 먼저다. 그래서일까. 지인들은 내게 "무슨 일이든 척척 잘 해내는 걱정이 없는 사람 같아."라고 말한다. 삶은 계획대로 흐르지 않는다는 것을 받아들이면 삶을 대하는 태도가 과감해진다. 지나친 편안함은 인생의 독이라고 말할지 모르지만, 나는 과한 걱정은 시간 낭비라고 생각한다. 어떤 상황을 경험으로 느끼고 방법을 찾을 것인지, 어떤 감정으로 대할 것인지는 우리의 선택에 달렸다.

'내가 나에게 바라는 것이 무엇일까?' 생각해 보는 시간에서 찾는 긍정의 말로 걱정과 불안을 가볍게 지워버릴 수 있다. 두려움에서 자유로워지기를 바라는 자신에게 응원할 기회를 만든다. 다가오는 행복을 불안이 막지 않도록 잘 이겨낼 자신의 능력을 의심하지 말자. 쓸데없는 걱정과 불안함이 삶에 자리 잡게 하지 말자. 다가오지 않을 걱정을 하느라 귀한 시간을 낭비하지 말고 작은 일들을 소중히 여기며 몰입하는 태도를 갖자. 지금 주어진 일, 내 곁에 있는 소중한 사람들에게 집중하며 살아가는 것으로 충분히 평온한 삶을 만들 수 있다.

부정적인 감정은 적게 느끼자.
불안한 일이 생길지도 모른다는 두려움은 굳이 보태지 말자.
긍정적인 생각으로 마음을 채울 수 있게 하자.
상황과 감정에 빠져 허우적거리기보다,
'방법을 찾는 일'에 집중하는 습관을 갖자.

셰익스피어는 말했다. "좋고 나쁜 것은 없다. 단지 생각이 그렇게 만들 뿐."이라고. 무슨 일이 생길지 모른다는 건 때론 설레는 일이기도 하다. 어떤 상황에서도 내 마음은 내가 단단히 지킬 수 있음을 믿자.

독서는 자제력을 키우는
완벽한 훈련이다

내가 아홉 살이었을 때다. 오토바이를 타고 있던 아빠는 큰 개가 불쑥 튀어나와 깜짝 놀라 방향을 틀었고 교통사고로 이어졌다. 그렇게 팔과 다리 모두가 부러지는 큰일을 겪었다. 내가 태어나기 전 엄마 아빠는 서울에 사업체를 꾸렸다. 사고가 있기 전까지 경제적으로 큰 어려움이 없었다고 했다. 한 집의 가장은 병원 생활을 몇 년 했다. 긴 시간 아빠를 간호했던 엄마는 지쳤고, 퇴원하고 돌아온 아빠의 팔은 어색한 길이 차이를 보이며 어깨에 붙어 있었다.

"이사 가야 해. 더는 서울에서 살기 어려워. 아빠는 회복되셨지만 그동안 지출한 병원비로 생활비가 하나도 없어. 할아버지께서 시골에 작은 집을 마련해 두셨대. 그곳으로 가자."
"왜 갑자기 떠나는데? 아빠가 다 나았으면 다시 일하면 되잖아.

왜 시골로 가는 거냐고!"

서울을 떠나던 날, 나는 악을 쓰며 목이 쉬도록 울었다. 정신을 차려보니 어느 동네의 초라한 집 마루에 영혼처럼 앉아 있었다. 제발 꿈이길 바랬다.

"이렇게 가난한 동네에서 어떻게 살아. 사람들이 모두 촌스러워."

전학 간 학교의 아이들은 나의 서울 말투를 놀려댔다. 재수 없다며 놀이에 끼워주지 않았다. 외롭다고 말하면 엄마 아빠가 속상해할 것 같아 혼자 끙끙대다 울며 잠들기도 했다. 공부, 그림 그리기, 글짓기 등 무엇이든 잘하는 아이가 되면 아이들이 나에게 관심을 줄 것 같아 열심히 했다. 아이들 앞에서는 도도하게 굴었지만 늘 외로웠다.

공부도 잘하고 책을 좋아하는 나를 위해 아빠는 방에 책장을 들였다. 위인전, 세계 명작 동화, 한국 전래동화, SF 소설 등, 책장을 채운 책을 보기만 해도 배부른 느낌이 들었다. 책은 유일한 나의 친구였다. 책과 만나는 시간 동안 나는 외롭지 않았다. 《소공녀》를 읽으며 '세라'가 되기도 하고, 《키다리 아저씨》를 읽으며 '주디'가 되어 후원자가 나타나는 상상을 했다. 위인전을 읽고 그들의 용기와 도

전을 간접 경험하며 나 또한 '힘든 환경에서도 결국은 해내는 사람'
이 될 용기를 쌓았다.

　자제력은 '자신의 감정이나 욕망을 스스로 억제하는 힘'을 말한
다. 사람들은 누구나 열정만 있다면 성공할 수 있다고 하지만 현실
은 그렇지 않다. 열정만으로는 부족하다. 열정을 바르게 사용할 방
법을 찾는 노력과 좋은 방향으로 향하게 하는 힘이 있어야 한다. 그
것이 바로 자제력이다. 자제력이 없는 열정은 자칫 무모해 보일 수
있지만, 감정과 욕망을 통제할 수 있는 열정은 강한 추진력이 되어
원하는 바를 이룰 수 있게 한다. 책을 읽으며 사색하는 일이 내게는
자제력을 키우는 훈련이었다. '바뀐 환경에서 살 수밖에 없는 현실',
'그렇게 된 원인을 깊이 이해하는 노력', '그럼에도 불구하고 이루고
싶은 나의 소망', '내가 느끼는 감정이 긍정인지 부정인지 파악하는
일', '나의 열정으로 얻을 수 있는 삶의 의미를 찾는 일'이었다.

　중학생이 되어 새로 만난 친구들과 학급의 분위기는 초등학교
때와 달랐다. 우리 반 반장이자 내 짝이었던 은송이는 마음이 고운
친구였다. '가난이 보이는 옷차림'의 나에게 따뜻하게 다가와 살갑
게 챙겨 주었다. 그녀가 내심 고마웠지만 자격지심에 어쭙잖은 자
존심을 세우느라 마음을 쉽게 열지 않으려는 못난 마음이 내게 있
었다. 은송이의 생일파티를 지금도 잊을 수가 없다. 벨을 누르니 커

다란 대문이 열렸다. 계단이 향하는 끝은 초록색 잔디가 펼쳐져 있었고 작은 연못 주위로 하얀 테이블과 의자가 놓여 있었다. TV에서나 보던 재벌 회장님 집 풍경이다. "어서 와. 우리 은송이 생일파티에 와 줘서 고마워. 맛있게 먹고 즐겁게 놀다 가." 실크 소재의 민소매 원피스를 입은 하얀 얼굴의 은송이 엄마는 청담동 사모님 같았다. 식탁에 가득 놓인 음식을 먹고 케이크를 자른 뒤 은송이가 집구경을 시켜주었다. 4층짜리 저택을 돌아보고 나니 현기증이 날 것 같았다. 나와는 다른 공간, 다른 삶을 사는 이들이 세상에 존재한다는 자각은 나를 어지럽게 만들었다.

"아이를 낳으셨잖아요. 저희가 선택해서 세상에 나온 게 아니에요. 가진 것이 많지 않은데 왜 네 명이나 낳으신 거예요?"

친구들이 사는 모습과 나의 환경이 비교될 때마다 나는 심통을 부렸다. 하지만 돌아서면 '낳고 키워주신 것에 감사해야 했는데…' 하며 후회를 반복했다. 부모가 되고 보니 알 것 같다. '부모님 마음이 얼마나 아팠을까.', '내 말이 평생 가슴에 가시가 되어 박혔겠구나.' 싶었다.

중학교 2학년이 되면서 독서량도 늘어났다. 여전히 TV는 관심 밖이었다. 언제나 방에 홀로 앉아 책을 읽었다. 독서량만큼 생각도 성장했다. '부모를 원망하고 탓하기만 할 일이 아니야'. '내가 이루고 싶은 것이 있고 성공을 바란다면 할 수 있는 모든 노력을 다해야겠다.'고 마음먹었다. 하나하나 구체적으로 계획하며 머릿속에 그림을 그렸다.

엄마가 되면 좋은 집에서 아이들과 살아야겠다고 생각했다. 비오는 날에 젖은 우산에 젖은 교복을 입고 찝찝한 기분으로 교실에 들어서지 않게 해주리라 다짐했다. 실내 공기가 쾌적한 멋진 승용차를 타고 아이를 데리러 가야겠다고. 친구들이 놀러 올까 봐 두려워 집 주소를 알리지 않는 소심한 아이가 되게 하지 않겠다고, 부모의 신용카드로 브랜드 옷을 장기 할부로 사달라는 떼를 쓰지 않는 아이로 키우겠다고 마음먹었다.

낳아주고 키워주신 은혜에 감사하는 마음과 힘든 현실을 부정하고 싶은 두 개의 마음을 품은 나는 치열한 사춘기를 보냈다. 하지만 깨닫고 얻는 것이 더 많았다. 중학교 때 만난 친구들의 삶을 들여다보는 일은 부러움과 질투심에서 시작되었지만 삶을 바라보는 태도에 긍정적인 변화를 주었다. 나와는 다른 '자본주의'를 사는 친구들 덕분에 색다른 배움과 경험을 할 수 있었다. 돈 주고도 살 수 없는 인복을 경험하게 해준 고마운 친구들이었다. 그리고, 제대로 정신을 차렸다.

학교 공부를 제외한 모든 시간은 책과 한 몸이 되었다. 어제 만난 친구처럼 책은 늘 다정했다. 사는 환경에서 경험이 부족하다면 책을 통해 경험하고 깨달을 수 있다는 사실을 알았다. 저자들의 삶에서 나를 들여다보고 부족함을 채웠다. 그때부터 '다채로운 욕심 보유자'가 되었다. 학교 임원도 하고 싶고 공부도 잘하고 싶었다. 노래도 잘 부르고 그림도 잘 그리고 싶었다.

"나를 있는 그대로 이해해 주고 사랑해 주는 사람과 결혼할 거야."
"좋은 집에서 아이들을 살게 하고 싶어."
"불행을 느끼는 원인이 돈이어서는 안 돼. 경제에 눈이 밝은 사람이 될 거야."

대입 시험을 마치고 귀가한 나에게 아빠는 입학 등록금이 없다고 하셨다. '그럴 줄 알았던 일'이었기에 받아들였다. 그때부터 대학 입학 준비와 일을 병행하며 돈을 모았다. 밤늦게 아르바이트가 끝난 어느 날, 택시비가 부족했던 나는 두 시간을 걸어 집에 도착했다. 일과 공부를 함께 해야 한다는 현실이 비참하게 느껴지기도 했지만 이를 악물었다. '돈을 버는 일이지만 경험을 쌓는 일이기도 해.' 스스로를 다독였다. 대학 선배의 홀어머니께서 운영하는 소주방에서 파트타임으로 일한 적이 있었다. 내 역할은 연탄불에 석쇠를 올려 전어를 굽는 일이었다. 생선 표면에 참기름을 고루 발라 석쇠에 달라붙지 않게 노릇하게 구워내면 된다. 분명 '전어만 굽는 일'이었는데 "여기 소주 한 병이오!" 하면, 나는 "네 손님! 금방 가져다드릴게요!" 하며 달려갔다. 싹싹하고 애교 많은 나를 며느리로 점찍었다는 선배 어머님의 말씀에 그 길로 일을 그만두었다.

마음 아팠던 아빠의 교통사고, 가난한 환경에서 살며 느꼈던 외로움, '무엇이든 잘하는 아이'가 되어 사랑받고 싶었던 완벽주의자로 클 수밖에 없었던 시절의 상처들은 여전히 기억 속에 있다. 하지만 유일한 벗이었던 독서를 통해 현실에 굴하지 않고 어떤 상황에서도 나를 잃지 않는 자제력을 키웠다. 마음속에는 항상 희망을 품었다. 목표 달성을 위해 스스로에게 동기부여 하는 일은 습관으로 자리 잡았다. 정확한 동기는 언제나 행동으로 이끈다.

어른이 된 지금도 나는 감정적으로 흔들리지 않는다. 매 순간 현명한 판단을 위해 노력한다. 건강한 습관을 위한 하루 한 끼 저속 노화식을 실천하고, 매일 하는 필사와 낭독으로 성실함과 꾸준함을 익혔다. 독서를 통해 쌓아온 시간에서 느낀 충만함은 배움과 성장을 향한 도전 앞에서 망설이지 않게 한다. 어제보다 나은 오늘과 내일을 꿈꾸게 한다.

모든 노력이 원하는 결과로 이루어지지 않는다. 하지만 지금 나는 충분히 행복하다. 목적지에 도착하지 못한다 해도 걷는 법만은

나는 죽을 때까지 빛나기로 했다

잊지 않는 자제력을 가졌다. 결과보다 과정에서의 경험이 얼마나 소중한지 깨달았다. 별이 빛나는 이유는 우리가 빛나는 것에만 별 이라는 이름을 붙여서라고 한다. 우리는 저마다의 이유로 빛날 수 있다.

평범한 주부를 변화시키는 독서

"부모는 멀리 보라 하고, 학부모는 앞만 보라 한다."
"부모는 같이 가라 하고, 학부모는 앞서가라 한다."
"부모는 꿈꾸라 말하고, 학부모는 꿈꿀 시간을 주지 않는다."

어떤 광고의 카피다. 한참을 뚫어져라 읽으며 깊이 생각했다.
'나는 부모인가, 학부모인가?' 대학입시에 목표가 맞춰진 공교육
시스템 안에서 끊임없는 경쟁에 내몰리는 아이들의 현실을 보여주
는 것 같았다. 과연 아이들만 힘들까. "앞만 보게 하고, 앞서 가게 해
야 하고, 꿈꿀 시간에 공부하라."고 말할 수밖에 없는 부모도 힘든
건 마찬가지다. 하지만 부모가 될지 학부모가 될지는 선택에 달린
일이다. 역할과 기준을 만드는 것도 부모의 몫이다. 흔들릴 때마다
타인의 의견을 묻고 그들과 같은 행동을 하며 안도하는 사람은 아
닌지, 자신만의 확고한 기준으로 지혜로운 판단을 고민하는지 생각

나는 죽을 때까지 빛나기로 했다

해 보아야 한다.

여러 번 시험관시술과 인공수정에 실패하고 기적 같은 자연 임신으로 큰 아이를 낳았다. 엄마로 살아가는 데 있어 가장 중요한 역할은 무엇일까. 평범한 모습으로 내게 온 아이가 아니듯 나 또한 평범한 엄마가 되어서는 안 된다고 생각했다. '평범하다'의 사전적 의미를 찾아보았다. '뛰어나거나 색다른 점이 없이 보통이다'라는 뜻을 품고 있다. 반의어인 '비범하다'의 뜻은 무엇일까? '보통 수준보다 훨씬 뛰어나다'의 의미다.

큰 아이가 어렸을 적, 나는 직장에 다니며 아이를 친정엄마에게 맡겨 키웠다. 반쪽짜리 엄마였다. 유럽 주재원의 삶을 살기 위해 퇴사하고 3년간 한국을 떠나있었다. 한국에 돌아오자마자 여덟 살 터울의 둘째 아이를 낳았다. 그때부터 '평범한 주부'의 삶을 살게 되었지만 결코 평범해지고 싶지 않았다. 유럽에서처럼 패기 넘치는 삶까지는 아니어도 그곳에서 열정과 에너지의 반만이라도 드러내며 '비범한' 주부로 살고 싶었다.

평범한 주부를 변화시키는 방법은 아주 간단하다. 바로 독서다. 책에서 얻은 지혜로 세운 비범한 주부의 기준이란 무엇일까. 입히고, 씻기고, 먹이고, 재우는 일은 돈을 주고 고용한 보모나 옆집 이모도 할 수 있다. 엄마만이 가능한 역할을 정리해 보는 것으로 시작했다. 아이를 키우는 목적과 엄마로서 존재하는 이유에 대해 깊이 생각한 뒤 결론을 내렸다. 나는 4가지로 정했다. '건강한 식재료로 정성껏 요리하는 엄마', '항상 독서하는 지적인 엄마', '흐트러짐 없이 아름답게 외모를 관리하는 엄마', '어떤 대화와 질문도 나눌 수 있는 친구이자 멘토 같은 엄마'가 되는 것이었다.

우리가 입는 옷 중 '망토'는 소매 없이 어깨에 둘러 걸쳐 입는 외투를 말한다. TV시청과 거리가 먼 내가 유일하게 챙겨보는 프로그램이 있다. 바로 〈복면 가왕〉이다. 망토는 무대 위에서 긴장하지 않고 노래를 부르게 해주는 출연자들의 '가면'과 같은 역할을 한다. 요리사 망토, 선생님 망토, 강인한 망토, 희망 망토, 다시 걷는 망토, 개그 망토, 웃음 망토, 대화 망토…. 나는 다양한 상황에 맞는 망토를 무한정 만들어 낼 수 있다. 이 책을 읽는 독자들도 필자에게 연락하면 얼마든지 무상 대여가 가능하다.

요리사 망토를 입을 때의 나는 사뭇 진지하다. 제철 식재료와 채소, 과일의 종류를 공부했다. 재료의 영양을 살리는 조리법을 유튜브에서 배우고 다양한 식감의 식재료를 여러 방법으로 요리한다. 아이들이 편식하지 않는 조리법을 연구하기도 했다. 가족들은 정성 가득한 집밥에 늘 감사하며 테이블 세팅을 돕는 일이 습관화되어 있다. 식사 때마다 "우리 가족 사랑해요."를 외치며 물잔이라도 부딪힌다. 식사를 마친 그릇은 스스로 옮기고 뒷정리를 돕는다. 세탁

나는 죽을 때까지 빛나기로 했다

실에 비치된 바구니에 겉옷과 속옷을 구분해서 담는 일, 침대를 정리하고 방을 청소하는 일, 분리수거와 휴지통 비우기는 각자의 몫이다.

잠자리에 들기 전 나는 대화 망토를 두른다. 아이들과 그날 하루의 경험과 생각을 나누는 스몰토크 시간을 갖는다. 서로의 감정을 보듬는 시간이다. 무엇보다 매일 두르고 있어야 할 망토는 '독서 망토'다. 하루도 빠지지 않는 아침 책 읽기를 통해 '항상 독서하는 지적인 엄마'를 실천하고 있다. 반복적인 일상에 정체성이 흔들릴 때마다 자존감을 회복하려면 '독서라는 도구'를 꼭 활용해야 한다.

독서는 나를 들여다보게 한다. 원하는 것과 원하지 않는 것을 알게 하고 앉아서 타인의 경험과 지혜를 탐험할 수 있게 한다. 책을 읽으면 새로운 신경회로가 형성되고 사고력과 문제 해결 능력이 강화된다고 한다. 수많은 선택을 하며 살아가는 우리에게 복잡한 상황을 정리하는 힘을 길러준다. 아이들의 친구 관계나 진로 고민에도 유연한 사고를 가지고 대화할 수 있게 한다.

"우리 엄마는 애호박 사러 마트에 갈 때도 예쁜 옷 입는다."

둘째 아이가 같은 동에 사는 친구에게 나를 자랑하며 했던 말이다. 우리 집에는 없는 물건들이 있다. 바로 슬리퍼와 트레이닝바지다. 그렇다고 집에서 파티 드레스를 입고 있거나 다림질로 각이 잡힌 정장 차림을 하는 것은 절대 아니다. 편하게 입을 수 있는 옷은 요가와 필라테스를 할 때 입는 운동복이 전부다. 가까운 마트나 근처 카페를 가도 나는 늘 치마 속에 상의를 넣어 입고 플랫 슈즈를 신는다. 뒤축이 없는 신발은 신어본 적이 없어 낯설다.

일 년에 몇 번 있는 첼로 연주 무대에서는 드레스를 입는 경험을 한다. 북토크를 진행할 때는 말끔한 정장 차림으로 사회자의 면모를 갖춘다. 도서관 경제 강의를 하는 날은 이마에 '일타 강사 맞음'을 증명하듯 냉철한 분위기를 풍기는 옷을 입는다. 누군가는 편안하고 자연스러운 옷차림이 최고라고 말할 것이다. 하지만 나는 관리되지 않은 외모와 단정치 못한 옷매무새는 자신을 놓아버리는 태도처럼 느껴져서 좋아하지 않는다.

품위와 자존감을 지닌 사람은 외모에서부터 차이가 드러난다. 첫인상에서 판단이 끝나 내면을 보여줄 기회를 잃는다면 너무 억울하지 않은가. 오늘 옷차림도 흐트러짐이 없어 마음에 든다. 소매 없는 크림색 니트와 검정 샤스커트를 입고 발레리나 슈즈를 신었다. 모임 약속이 아니다. 대파 사러 마트에 가는 길이다.

"아들, 연습할 때보다 훨씬 잘했어. 편하게 연주하는 모습이 멋지더라."

"엄마, 저 사실 두 군데 실수했는데요?"

나는 죽을 때까지 빛나기로 했다

"어머, 그래? 전혀 몰랐어. 감쪽같이 손싱크 했구나?"

"네, 제가 자연스럽게 맞췄거든요!"

"리듬 챙기고 박자 맞추는 일이 쉽지 않은데 그 정도 실력까지! 우리 준이 리스펙!"

"엄마, 열심히 연습해서 5월 가족음악회 때는 더 잘하고 싶어요. 엄마와 함께 멋진 옷을 입고 무대에서 'Summer'를 연주할 거예요. 상상하면 너무 행복해요."

아이의 정기 연주회를 마친 어느 날의 대화다. 둘째 아이는 나의 첼로 소리를 들으며 본인도 첼로를 배우고 싶다고 했다. 그때부터 우리는 '첼로 하는 엄마와 아들'이 되었다. 나는 현악 앙상블 브리이에의 단장이 되었고, 스즈키 4권을 마친 아이는 비엔나 유스 첼로 앙상블의 단원이 되었다.

가족 모두 고운 말을 사용하는 습관 덕분일까? 아이의 입에서 꽃향기가 난다. 그날 저녁 아이 휴대전화의 카톡 프로필은 자신의 연주 사진이었다. 상태 메시지는 '아름다운 나의 첼로 연주'라고 적혀 있었다. 마음과 생각을 표현하는 일에 자연스러운 아이가 정말 사랑스럽다. 남편과 내가 자주 하는 얘기가 있다. "둘째를 안 낳았으면 어쩔 뻔 했어요."

큰 아이는 수학과 IT 교육이 특화된 자사고에 입학하자마자 미대에 진학하고 싶다며 진로를 바꾸었다. '일러스트레이터'의 삶을 꿈꾸며 도전하고 싶다고 말했다. 초등학교 때는 과학 영재, 중학생 때는 정보 영재로 불리며 5년 넘게 공부했던 IT 분야를 포기하는 일은 너무 아까웠다. 쉽지 않은 결정이었지만 자녀를 아끼고 사랑하는 부모이기에 아이의 꿈을 응원하고 존중할 수 있었다.

기대가 너무 컸을까. 아이는 첫 수능 시험에서 상위 등급의 결과로도 원하는 서울의 미술대학에 불합격했다. 대학이 전부가 아니라고, 인생에 그리는 선에 찍힌 하나의 점일 뿐이라고 말했지만 아이는 많이 힘들어했다. 재수를 결정하고 두 번째 수능을 보기까지 우리는 마음 아픈 일들을 경험했다. 지금 아이는 서울의 모 대학에서 시각디자인을 공부하고 있다. 책에서 부모와 자녀 관계에 대한 지혜를 얻었다. 시련과 좌절 속에서도 가장 우선에 두고 지켜야 할 관계가 무엇인지를 깨달았다.

"엄마가 저의 멘토잖아요."
"제가 엄마 아들인 게 자랑스러워요."
"엄마 목소리 들으면 마음이 편해져요. 고마워요. 사랑합니다."

힘든 시간을 겪거나 선택이 어려운 상황에 놓이면 큰 아이는 제

나는 죽을 때까지 빛나기로 했다

일 먼저 내게 전화한다.

"우리 아들, 세상이 너를 등지면 좌절하지 말고 얼른 그 등에 업혀야 해! 알았지?"

친구이자 멘토 같은 엄마, 아이가 힘들 때 가장 먼저 생각나는 사람이 되고 싶다.《부처님 말씀과 마음공부》책에서 읽은 글귀를 아이들에게 전해주고 싶어 큰 아이에게 카톡을 보냈다. 그리고 둘째 아이의 눈을 보고 말했다.

"다른 사람과 나를 비교하지 말라. 태양과 달을 비교할 수 없듯이, 사람들은 모두 각자의 시간에 빛난다."

독서만큼 든든한 보험은 없다

지금껏 나는 삶의 작은 부분 하나도 스스로 디자인하지 않은 곳이 없다. 학창 시절 등록금과 용돈을 충당하기 위해 많은 일을 경험했다. 성인이 된 나이부터 학업과 병행하며 일을 손에서 놓지 않았다. 생선구이 집에서 연탄불에 전어를 굽고, 이른 새벽에는 피트니스 센터를 청소하며 운전면허 학원 등록 비용을 마련했다. 아르바이트가 밤늦게 끝난 어느 날 택시비가 없어 두 시간을 걸어 집에 도착했을 때의 서러움을 아직도 기억한다.

아빠는 건설 현장의 전기 공사를 맡아 일하는 작은 기업의 대표였다. 공사를 맡기는 건설업체가 뜸해지고 고정 수입이 없어진 아빠는 집에 머무는 시간이 많았다. 생활비 걱정에 자신을 위한 옷 한 벌도 사 입지 못할 엄마가 염려되었다. 직장 다닐 때 도시락을 준비해서 가지고 다니며 점심값을 아껴 모아 엄마에게 드렸다. 힘들고

나는 죽을 때까지 빛나기로 했다

고달팠지만 한 번도 처지를 비관하거나 부정적으로 생각하지 않았다. 세상에는 나보다 힘들게 사는 사람들이 많다고 위안 삼았다. 대기업에서 받는 연봉과 복지혜택에 감사한 마음이 들었다. 내가 원하는 미래의 삶을 현실로 가져오기 위해 노력했다. 끊임없이 계획하며 설계하고 수정했다.

삶을 디자인하는 데 있어 중심이 된 것은 언제나 '독서'였다. 가진 경험과 식견이 부족하고 세상 보는 시야가 좁아도, 나이만 훌쩍 먹은 어른인 것 같아 서글플 때도, 독서는 삶의 길잡이였다. '부모가 없는 아이도 아닌데' 하며 의지하고 싶었지만 착한 딸이 되어 효도하고 싶은 생각에 씩씩하게 살았다. 부족한 것에 대한 아쉬움을 갖는 일도 사치라고 생각했다. 기댈 곳이 없어 외로웠지만 나의 삶은 내가 만들어가야 한다는 다짐을 스스로에게 반복했다.

사람들은 '노후 준비'라는 단어를 들으면 연금, 예금, 부동산 등 경제적 수단에 대한 준비를 떠올린다. 자본주의 사회에 사는 우리가 돈보다 더 소중한 것들을 지키려면 수단으로서의 '돈'은 꼭 필요한 것이 사실이다. 경제적 안정이 있어야 다른 즐거움을 받아들이는 여유도 생긴다. 일정 시기가 되어 나와주는 연금, 월세가 꼬박꼬박 나오는 부동산, 배당금과 이자만으로도 생활이 가능한 윤택한 삶을 누구나 꿈꾼다. 하지만 경제적 안정만으로는 마음의 풍요나 지적인 만족감을 채우기는 어렵다.

"초저녁에 졸리고 아침에 알람 없이도 눈이 떠지는 걸 보면 늙었나 봐요. 여보."

맞춰 둔 휴대전화의 알람이 울리기 5분 전이면 어김없이 눈이 떠진다. 한때 유행처럼 휩쓸다 간 '미라클 모닝'에는 유리해진 나이지만 어째 생각할수록 서럽다. 온몸으로 '지금 늙어가는 중입니다.'를 말하는 것 같아 속상하고 억울한 느낌도 든다. 그렇게 따지면 남편이 조금 더 억울할 것 같긴 하다. 주 5일 직장에 다니고, 주말에 가끔 있는 골프 약속, 그리고 아파트 내 피트니스센터에서 하는 운동 외에는 특별한 취미가 없는 사람이다. 내 소원은 하고 싶은 것 실컷 해 보고 죽는 사람이 되는 일이다. 아무때고 세상을 떠난다해도 아쉬운 것 없는 사람말이다.

나이 오십을 앞두고 평소보다 생각이 더 많아졌다. 내 모습을 그림으로 그리라면 정말 쉽다. 사람 모양의 틀 내부에 '생각'과 'Why' 두 단어로 채우면 간단하다. 혼자 있는 시간이 더욱 많아지는 노년기에 접어드는 사람들은 어떤 생각이 들까. 지나온 삶을 돌아보며 '어떻게 살아왔는지', '남은 삶을 어떻게 살 것인지'에 대해 얼마나 질문과 고민이 많을까.

독서는 인생에서 고비의 순간마다 문제 해결의 지혜를 준다. 우리는 불완전한 인간이기에 좌절을 겪고 실패를 겪으면서도 강인한 태도를 유지하는 일이 쉽지 않다. 독서는 침대 매트리스의 광고 카

나는 죽을 때까지 빛나기로 했다

피처럼 '흔들리지 않는 편안함과 단단함'을 보장하는 보증서를 가지고 있다. 걷지 못해 누워있을 때 읽었던 책을 통해 '가진 것에 대한 감사'와 '다시 걷게 될 희망과 용기'를 얻었다. 고통 속에서 용기를 내는 등장인물의 서사를 읽을 때는 'Why not me?' 하며 주인공의 에너지를 받아 다시 일어서기도 했다. 방향을 잃을 때마다 삶의 나침반이 되어주고, 꾸준함이라는 귀한 습관을 갖게 해주었다. 그렇게 쌓아온 독서 습관은 복리처럼 쌓이며 나다운 미래를 준비하게 했다.

《김밥 파는 CEO》의 저자 김승호 회장은 한 권의 책을 읽고 나서 "내가 이런 걸 모르고 살았구나!", "이 세상에는 고수가 참 많구나!"라고 말하며 두려워했다고 한다. 토머스 C. 콜리의 책《부자 되는 습관》에서 저자는 수백 명의 부유한 사람들과 가난한 사람들을 관찰하고 깨닫게 된 것들에 관해 이야기했다. 성공한 사람들이 가진 일반적인 습관은 바로 독서라고 했다. 가난한 사람들의 경우는 2%만 독서를 하고, 큰 부를 가진 사람들의 88%는 하루 30분 이상 독서를 한다고 했다.

'독서는 거인의 어깨 위에 앉아 세상을 보는 일'이라는 글귀를 좋아한다. 성공한 투자자들과 유명한 철학자들은 언제나 책을 가까이했다. 마이크로소프트의 창업자인 빌 게이츠는 연간 50권의 독서를 했다고 한다. '오마하의 현인'으로 불리는 워렌 버핏은 하루에 500페이지를 읽었다고 했다. 테슬라의 최고 경영자인 일론 머스크는 하루 10시간을 책을 보는 데 쓴다고 한다. '성공과 독서의 연관성은 무엇일까?'

성공한 사람들이 독서를 습관화한 것은, 타인의 지식과 생각을 온전히 가질 수 있는 유일한 방법이라는 사실을 깨달았기 때문이었다. 독서를 통해 편협한 지식이 아닌 다양한 관점을 가졌을 것이 분명하다. 인생에서 큰 꿈을 꾸는 법과 실천력이 독서에서 나온다는 것을 그들은 이미 알고 있었다. 사고의 틀을 만드는 과정에서 올바른 생각과 판단력을 키웠을 것이다. 책에서 얻은 지혜는 머릿 속에서만 머무는 것이 아니라 삶의 모든 상황에서 올바른 선택으로 이끈다. 그것이 바로 독서가 자산이자 보험인 이유다.

내 삶의 가치는 누구도 정할 수 없다. 중요한 본질인 '나 자신'이 주체가 되어 살아가도록 방향을 잡아주는 것이 '독서'다. 친구가 되어 외롭지 않게 하고 고립되지 않도록 사람과 사회를 간접적으로 연결해 주는 통로가 된다. 세상이 옳다고 말하는 길에서 어떤 길을 선택할지, 지금 내가 서 있는 길이 원했던 길이 맞는지 끊임없이 자신에게 묻고 답을 찾게 한다. 책을 통해 얻은 영감과 지혜를 삶에 차곡차곡 쌓아두자. 필요할 때마다 연금처럼 꺼내쓰는 독서야

나는 죽을 때까지 빛나기로 했다

말로 가장 신뢰할 수 있는 노후 자산이지 않을까. 책을 읽는 것은 투자다. 그래서 노후 준비는 독서가 필수다.

3장

인생을 바꾸는 기술

시간 관리

공간부터 정리하는
시간 관리의 시작

"집에 큰 가구나 물건이 많이 없을 것 같아요. 미니멀 라이프를 추구하며 사는 분 맞지요?"

둘째 아이가 그토록 바라던 '자가'로 이사할 곳의 인테리어를 상담하는 날이다. 긴 머리에 동그랗고 예쁜 눈을 가진 인테리어 회사 대표님의 반짝이는 눈빛이 참 좋았다. 몇 달 전 계약금을 입금하고 두 번째 만남이다. 대표님은 내 첫인상을 보고 미니멀한 삶을 사는 사람으로 보인다고 하셨다. 나는 15년째 단정한 보브 단발 스타일을 고수하고 있다. 대표님은 원하는 인테리어 컨셉이나 찾아 놓은 사진이 있다면 보여달라고 했다. 휴대전화의 사진첩을 열어 몇 달 동안 블로그와 인스타그램, 온라인 잡지를 찾아 모아 두었던 사진들을 보여드렸다. 가져간 다이어리를 펼쳐 대화를 이어 나갔다.

나는 죽을 때까지 빛나기로 했다

"제가 원하는 컨셉 첫 번째는요, 공간을 둘러보았을 때 시선이 한 곳에 머물지 않도록 하나의 큰 덩어리 같아야 해요. 두 번째, 집에 왔을 때 학교나 일터가 되지 않게 편안한 분위기여야 합니다. 그리고 같은 공간에 오래 있어도 계속 머물고 싶은 느낌이면 좋겠어요."

정희숙 작가는 책《남길 것 버릴 것 간직할 것》에서 "집이란 그 사람의 현재가 그대로 반영되는 공간이며 삶의 시간과 공간의 시간이 일치할 때 인생은 비로소 제자리를 찾아간다."고 했다. 작가, 북 토크 진행자, 경제 강사, 현악 앙상블 단장이라는 여러 개의 명함을 가지고 사는 나의 현재가 반영되는 공간은 어떤 모습이어야 할까. 어떻게 설계하고 정리해야 공간과 시간의 일치를 경험하며 살아갈 수 있을까.

유럽에서 사 온 그릇과 와인잔, 컵은 수납장을 짜서 넣기로 했다. 공간을 지나다닐 때에 몸에 걸리는 것이 없는 동선으로 설계를 부탁했다. 전문가를 못 믿어서는 아니지만 정확한 의사표현을 위해 그림으로 그려 보여드렸다. 등을 보인 채로 요리와 설거지를 하는 구조의 주방을 과감하게 대면형으로 바꿔달라고 했다. 거실에서 보드게임이나 체스를 두는 아이들과 남편의 얼굴을 마주하며 요리하고 싶었기 때문이다. 천정에서부터 내려오는 주방 후드를 설치하면 시야를 가리게 된다. 기껏 대면형 주방으로 바꿔놓고 후드 때문에 시야 확보에 방해가 되면 구조변경의 의미가 없다. 후드 일체형 인덕션을 설치하기로 결정했다. 바닥재를 고르는 일부터 벽면 디자인, 욕실 타일, 변기, 샤워기, 스위치, 콘센트 하나까지 직접 내 손으로 골랐다.

우리 집은 침실이 3개다. '방이 4개였으면 좋았을걸.' 하는 아쉬움이 여전히 남아있다. 나만의 특별한 서재를 꾸며 놓고 몰입하며 글 쓰는 모습을 상상했지만 아이들에게도 각자의 공간이 필요했다. 안방의 옷장 한 곳을 리뉴얼하여 책장과 책상을 설계해 넣어달라고 했다. 모서리에 세우는 작은 북 선반에 책을 꽂아두면 공간을 밀도 있게 쓸 수 있다.

나는 미니멀 라이프를 추구한다. 물건에 시선을 두게 되면 정작 중요한 것에 집중하지 못해 삶의 에너지와 시간 사용에 대한 효율이 떨어진다. 꼭 필요한 물건과 이동이 쉬운 소가구 위주로 둔다. 집에 있는 큰 가구는 침대와 식탁, 3인용 소파가 전부다. 벽에 못을 박아 액자나 그림을 거는 것을 좋아하지 않는다. 집에 있는 유일한 액자는 둘째 아이 돌 때 찍은 가족사진인데 현관에 들어서면 마주 보이는 벽에 기대 놓았다. 아이들 방에는 침대와 책상, 작은 책장이 놓여 있고 모든 수납공간은 붙박이로 되어 있다. 붙박이장의 안쪽 문에는 스티커형 거울이 부착되어 있어 별도의 공간을 차지하지 않게 했다.

나는 죽을 때까지 빛나기로 했다

우리 집에 방문하는 사람들은 나의 드레스룸을 궁금해한다. 그들은 내 옷장이 터질 듯 옷으로 가득 차 있을 거라고 상상하는 것 같았다. 그러나 막상 드레스룸을 여는 순간 그들은 놀란 입을 다물지 못한다. 사계절 옷이 두 평 남짓한 공간에 모두 정리되어 옷걸이에 차곡차곡 걸려 있다. 남편 옷도 함께 말이다. 요즘은 봄과 가을이 짧아 간절기에 입을 옷은 많이 필요하지 않다. 한 두벌이 전부다. 여름과 겨울 옷이 옷장의 반 이상을 차지하고 있다.

옷을 구입할 때 나만의 3가지 기준이 있다. '구입 후 10년 동안 입어도 유행에 민감하지 않은 디자인일 것', '세탁과 관리를 잘하면 언제나 새 옷과 같은 소재일 것', '이미 가지고 있는 옷과 함께 입었을 때 여러 벌의 착장 효과가 있을 것'이 그것이다. 성인이 되어 직장생활을 하고 아이 둘을 낳은 지금까지 신체 사이즈 변화가 거의 없어 잦은 쇼핑이 필요치 않다. 6개월 이내에 손이 가지 않는 옷은 모두 정리한다. 한두 번 입어 깨끗한 옷은 지인에게 의사를 묻고 주기도 하고, 조금이라도 체중 변화가 있어 옷 사이즈가 애매할 때는 두 살 위 친 언니에게 선물하기도 한다.

'주부'이기도 한 나는 집안일 중에서도 주방 정리를 가장 중요한 작업으로 생각한다. 정돈된 주방에서는 요리가 더 즐겁게 느껴지고 청소나 정리가 수월하다. 정리 할 때는 시간을 나누면 효율적이다. 하루에 한꺼번에 모든 것을 정리해야겠다고 마음먹으면 시작부터 지친다. 오늘은 '냉장고와 냉동고', '다음날은 아일랜드', '그다음 날은 개수대와 조리대' 이런 식으로 어디부터 정리할지 계획을 세운다. 목록을 적어두고 공간별로 정리하면 일의 흐름이 명확해진다. 한 번에 하나의 공간에 집중하고, 끝나면 다음 정리할 공간으로 넘어가면 된다.

우리 가족 개인 공간은 각자가 관리하고 정리한다. 남편과 아이들은 자고 일어난 침구를 정리하는 일을 작은 성공 경험으로 여긴다. 가족 모두가 아는 공간에 무선 청소기가 항상 충전되어 있어 필요한 사람이 직접 사용한다. 방에 있는 쓰레기통은 각자가 주방 한곳에 있는 종량제 봉투에 모아 버리고, 분리수거와 음식물 쓰레기는 매일 아침 남편이 출근할 때 가지고 나간다. 글을 쓰며 돌아보니, 남편은 변함없이 나를 배려하고 돕고 있었다는 사실이 새삼 고맙다. 정말 나는 '다 가진 여자' 맞다.

'공간이 무너지면 관계도 무너진다.'고 했다. 식탁이 놓인 공간 뒤에 펼쳐진 주방 아일랜드 위에는 숟가락 하나 올라와 있지 않다. 모두 제자리에 수납되어 있다. 주방과 거실의 경계에 놓인 식탁은 작은 6인용으로 식탁 위에는 화병 외에 어떤 짐도 올려놓지 않기로 가족들과 약속했다. 맛있는 음식을 먹으며 마음속 대화들을 꺼내고 머물 수 있는 가족 모두의 소중한 공간이기 때문이다.

나는 죽을 때까지 빛나기로 했다

지금 당신의 공간을 들여다보자. 바닥, 침대, 책장 위가 깨끗한지 살펴보자. 비싼 가구나 멋진 인테리어가 중요한 것이 아니다. 보이는 공간이 어지럽다면 우리의 머릿속도 복잡할 수밖에 없다. 정리되지 않은 환경은 삶도 혼란스럽게 만든다. 그곳에서 우리는 어떤 감정과 태도로 시간을 보낼 수 있을까? 공간 정리는 우리 삶을 결정한다. 깨끗하게 청소하면 복잡한 머릿속도 개운해진다. 물건을 제자리에 두는 순간, 일상의 흐름도 정리된다.

"정리란 단순한 습관이 아니라, 미래를 다루는 태도"라고 어느 책에서 읽었다. 삶을 바꾸기를 원하고 시간을 달리 쓰고 싶다면 우리가 머무는 곳을 정리하자. 공간 관리와 시간 관리는 별개의 것이 아니다. 공간 정리를 잘 못한다고 해서 인생이 잘못되는 것은 아니지만 어떤 공간에서 어떻게 시간을 활용하느냐에 따라 삶의 효율이 달라진다. 어지러운 환경에서는 무엇을 하더라도 집중력이 저하되고 시간이 낭비된다. 내 환경도 정리하고 통제하지 못하는 사람이 과연 제대로 할 수 있는 일이 있을까. 공간 정리가 곧 시간 관리이며, 자기관리인 셈이다.

쉴 새 없이 쏟아지는 정보 속에서 원하는 일에 집중하는 것이 쉽지 않은 세상이다. 인간의 뇌는 멀티태스킹에 약하다고 하는데 주변이 정리되어 있지 않고 산만하면 집중력이 흐트러지는 것은 금방이다. 눈에 보이는 공간, 보이지 않는 곳까지 정리해서 시각적인 방해 요소를 최소화하자. 가족들과 약속한 자리, 꼭 필요한 자리에 물건이 있으면 물건을 찾는 데 드는 시간낭비를 최소화 할 수 있다. 집에 보관된 물건의 개수가 적으면 쇼핑 목록을 정할 때도 복잡하지 않다. 정돈된 공간에서 계획적으로 시간을 사용할 수 있어 삶의 효율이 높아진다.

매일 아침 안방 붙박이 책상에 앉아 필사와 낭독을 한다. 직접 만든 토마토 주스나 ABC 주스를 마신 남편이 출근하면 식탁에 앉아 그날의 책을 펼친다. 눈에 들어오는 공간은 넓은 거실 통창이 전부다. 정리해야 할 짐이나 거실에 나와 있는 물건이 없으니 독서에 집중할 수 있다. 조용하고 편안한 공간은 뇌에도 불필요한 자극을 주지 않는다. 나의 현재가 있는 공간에서 집중하는 시간은 삶의 주도권을 갖는 일과도 같다.

공간이 내게 말을 걸어왔다. '항상 같은 곳에서 책을 읽고 커피를 마시고 음악을 듣는 일상과 그곳에서 보내는 시간이 얼마나 행복한지?' 묻는다. 오늘도 감성 독서 테이블 사진을 찍는다. 오래도록 머물러도 또 머물고 싶은 곳, 내가 나답게 존재하는 곳이다.

거절을 잘해야 내 시간이 생긴다

큰 아이가 초등학교 고학년이 되었을 때 같은 반 학부모들을 알게 되었다. 여덟 살 터울의 둘째 아이를 키우면서 외로웠고, 작은 아이를 돌보느라 큰 아이에게 무심해질까 봐 염려되었다. 고독을 선택하며 자격증 취득과 나를 위한 시간을 보내고 나니 무료함이 스멀스멀 올라왔던 시기다. 처음에는 그들과의 관계가 반가웠다. 내 유럽생활 이야기를 흥미로워하며 자주 궁금해했다. 유럽에서 가져온 예쁜 식기들에 호감을 보이며 다가왔다. 서로의 집을 오가며 가까운 사이가 되었다. 아이들끼리는 서로 친한 사이가 아니어서 아이의 관계가 부모의 관계를 결정하는 일은 생기지 않았다. 하지만 시간이 갈수록 그들과의 만남이 점점 불편해졌다. 그러나 나는 관계를 놓지 못했다. 혼자가 되는 것은 두렵지 않았지만 학부모 한 명 모르는 사람으로 살고 싶지는 않았기 때문이다.

한 지인은 엄마와 주부의 삶보다 자신의 삶을 선택해 살아가는 사람이었다. 처음에는 자기 계발에 집중하는 멋진 엄마의 느낌이었다. '이타적인 삶은 이기적인 삶의 표본'임을 보는 듯 해서 긍정적으로 생각했다. 하지만 식사 준비나 요리에는 관심이 없는 그녀였다. 지인들에게는 친절했지만 자녀들에게는 목소리 톤부터 다른 사람이었다. 만남을 거듭할수록 나의 가치관과 자주 부딪히고 있었다.

둘째 아이를 재워야 하는 늦은 시간에 가끔 내게 전화를 했다. "마음이 힘들어서 와인 한 잔 했다."며 자신이 겪은 인간관계의 고통을 토로했다. "얘기를 풀어놓을 사람이 나 밖에 없다."며 긴 시간 전화를 끊지 않았다. 울며 전화한 그에게 상처가 될까 봐 육아로 지친 나의 마음을 미루며 들어주고 다독여 주었다. 아이 학교 정보에 무심했던 그녀는 나의 정보와 지식에 의존하며 자주 도움을 청했다. 그녀의 큰 아이는 공부 재능이 뛰어났다. 아이의 시험성적 결과를 매번 내게 자랑하며 내 아이의 결과를 물었다. 그때마다 "정말 성실하고 착한 아이라고, 아이 잘 키우셨다."고 칭찬하며 축하해주었다. 하지만 정작 내가 기쁜 일을 전하거나 슬픔을 나누려고 할 때는 "힘든 대화는 나누기 불편하다."고 말하며 중간에 얘기를 끊었다.

어떤 지인은 자신이 과거에 겪었던 일과 경험들에 관한 이야기를 수백 번 반복했다. '만날 때마다 같은 얘기를 하는 자신을 왜 모르는 걸까?' 하는 생각이 들었다. "그때 이런 일이 있었잖아. 그때 우리 엄마는 말이야…." 다시 오지 않을 과거만을 반복하며 대화를

나는 죽을 때까지 빛나기로 했다

주도했다. 친정 부모님, 아이들과 사는 모습만이 행복의 근원인 것처럼 보였다. 현재의 일상과 시댁 가족들에 대해서는 부정적 얘기만을 쏟아냈다. 성실하고 공부 잘하는 아이들이 멋지게 성장하는 모습에 감사하기보다, 가지지 못한 것과 상황에 대한 불평 불만에 끝이 없었다.

책을 읽고 얻은 열정 가득한 삶과 꿈에 관한 얘기를 꺼내면, 그들은 관심이 없었다. 힘든 일을 버티느라 수척해진 모습으로 만나면, 나에 대한 걱정과 안부보다 "살 빠져서 부럽다."고 말하는 사람들이었다. 내게 온 기쁨은 노력이 아니라 그저 '행운'이라 말하며, 도움이 필요하면 서슴없이 부탁했다. 좋은 사람으로 보이고 싶어 거절하지 못했다.

지인들과의 관계를 정리하기로 마음먹는 일은 쉽지 않았다. 긴 시간 만난 인연에 대한 배려라고 생각해서 참았지만 나에 대한 존중은 줄어듦을 느꼈다. '좋은 게 좋은 거다'라며 모두 이해하려 애썼던 나의 어리석음에 대한 결과였다. 존중이라는 것은 말없이 참는 사람에게 오는 것이 아니었다. 아이러니하게도 사람들은 배려하는 사람보다 함부로 할 수 없는 사람을 더 귀하게 여기기도 한다. 누군가를 만난 뒤 마음이 무겁다면 그건 마음이 보내는 신호다. 그런 만남은 내 삶에서 조용히 지워야 한다.

거절해야 하는 순간은 늘 찾아온다. 거절하는 일이 누군가의 사소한 부탁이나 제안이 아닌 인간관계라면 마음이 더 무겁다. 하지만 애매하게 끌어가는 관계와 태도가 서로를 더 불편하게 만든다. 거절은 단순히 싫다고 말하는 것이 아니다. 내 마음을 지키고 관계를 건강하게 만드는 선택이라는 사실을 깨달은 순간, 마음부터 정리하고 관계도 정리했다. 내게 주어진 시간의 일부라도 그들과 공유해서는 안 된다고 판단했다. 새로운 시간을 만들어 내는 것에 초점을 맞추기로 했다. 어지러운 짐을 정리하는 일과 마찬가지로 인간관계도 정리가 필요하다. 관계를 정리하면서 알았다. 정리를 통해 나를 위해 쓸 시간과 마음을 더 확보했다는 사실을 말이다.

직장생활을 5년간 함께 했던 분에게 전화가 왔다. 퇴사하고 유럽 주재원으로 나가 살다 한국에 돌아왔다는 소식은 들었는데 연락이 늦었다고. 함께 일했던 시기, 나의 업무능력을 높이 평가해 주셨던 분이기에 연락이 반가웠다. 재취업의 의사가 있는지를 묻고 함께 일하고 싶다고 하셨다. 대기업을 퇴사하고 자산관리 회사의 본부장이 되어 일하고 있다며 당신의 비서직을 제안하셨다. 아침 9시에 출근해 오후 5시까지 근무이고 과거의 내 경력과 경험으로 쉽게 할 수 있는 업무였다.

긴 시간 경력이 단절된 나에게 후한 연봉을 제시했다. 기업의

나는 죽을 때까지 빛나기로 했다

정직원이 되어 복지 혜택을 누리며 직장생활을 다시 시작할 수 있는 기회였다. 두 명의 매니저가 근무하고 있어 업무 분담이 확실하고 과도한 업무 스트레스는 없다고 했다. 내가 가진 재능과 특성이 업무를 더욱 잘 할 수 있을 것 같은 기대로 진중하게 고민했다. 종종 회의를 이끌며 브리핑 하는 내 모습을 상상했다. 직원 대상 강의를 하며 전문성을 드러낼 기회가 될 것 같았다. 한 달에 한 번 있는 회식 자리에서 맛있는 음식을 먹고, 업무와 상사에 대한 사소한 고민을 나누며 직장생활의 묘미를 경험할 것을 떠올리니 설레기도 했다.

'매일 필사와 낭독은 더 일찍 일어나면 될까?'

'올해 목표에 종이책 한 권 출간이 남아있는데, 일하고 와서 언제 글을 쓰지?'

'매일 아침 한 권의 책을 읽는 루틴은 포기해야 하나?'

'책을 읽고 사색하는 즐거움은 단단한 일상을 지켜주는 일인데 과연 지속할 수 있을까?'

'북토크 진행과 경제 강의는 주말에 하긴 하지만 준비는 언제 하지?'

'현악 앙상블 연습은 매주 수요일 오전인데, 단장인 내가 그만두면 우리 앙상블은?'

설렘도, 고민도 길었다. 나의 선택이 안온한 일상을 뒤흔들지도 모른다는 생각이 들었다. 무라카미 하루키는 "돈으로 살 수 있는 것들에 돈을 쓰고 돈으로 살 수 없는 것들에 시간을 보내라."고 말했다. 직장에 다니게 되면 아침 9시부터 오후 5시까지 시간은 내 시간이 아니다. 이후의 시간 또한 의도대로 쓸 수 없게 될 지도 모른다. 시간은 쓰는 것이 아니라 설계하는 것이라 믿으며 살았는데 직장인이 되면 앞으로의 시간 사용에 문제가 생길 것 같았다. 시간 관리의 주체가 내가 아닐 수 있다는 생각만으로도 단단한 일상을 흐트려 놓은 듯 했다.

이력서와 자기소개서를 제출해 둔 상태였지만 용기를 내어 본 부장님께 전화드렸다. 경력 단절에 오십을 바라보는 내게 제안해 주셔서 정말 감사하다고 했다. 고민하는 시간 동안 직장의 분위기를 상상하며 행복했다고 말씀드렸다. 하지만 퇴사 후 유럽의 삶을 경험하고 한국에 돌아와 이룬 많은 것들로 지금의 삶을 만족으로 느끼고 있고, 작가의 꿈을 이루기 위해 글을 쓰고 있다고 했다.

하고 싶은 일이 있다면 시간과 기회 앞에 망설이지 않아야 한다. 시간 관리의 핵심은 루틴을 잘 짜는 것으로 시작한다. 정해진 시간에 많은 일을 해내는 것도 필요하지만 삶의 우선순위를 실행하는 일에 시간을 쓰는 것이 중요하다. 짜인 루틴과 해야 할 일의 목록에서 새로운 시간을 만드는 일은 쉽지 않다. 불필요한 부탁은 거절해

나는 죽을 때까지 빛나기로 했다

야 한다. 거절과 정리가 필요한 관계는 끌려가지 말고 단호하게 정리하자. 기분이 상하고 불편해도 참았다면 더 이상 자신에게 상처를 허락해서는 안 된다.

타인에게 상처 주는 사람들은 자신에게 여유가 없는 사람들이다. 무의식중에 타인에게서 자신의 결핍과 마주하고 있기에 아픈 말을 하고 지적하는 것이다. 무리해서 사람을 사귈 필요도 없다. 나를 위한 소수의 관계에 집중하면 된다. 에너지만 소모되는 만남은 귀한 시간을 낭비하는 일이다. 많은 인간관계를 유지하려 하면 진짜 소중한 사람에게 써야 할 시간이 부족할 수밖에 없다. 마음이 닿아야 시간도 의미가 있다. 그렇지 않으면 그냥 오래 알고 있는 사람일 뿐이다. 하고 싶은 일에 더 많은 시간을 쏟는 것이 삶의 질을 높이는 지름길이다.

세상에서 가장 외로운 사람은 인간관계가 빈약한 사람이 아니라 혼자 있지 못하는 사람이라고 했다. 관계를 정리하는 일은 나를 보호하고 존중하기 위한 선택이다. 좋은 관계는 억지로 노력하지 않아도 곁에 남는다. 진짜 나를 만나 내면을 더욱 단단하게 만드는 시간을 설계하는 것이 어떨까. '돈으로 살 수 없는 시간'에서 깊이 있고 여유 있는 삶을 사는 단단한 내가 되자.

바쁨 중독에서 벗어나는 법

스페인에서는 죽기 전에 해야 할 3가지 일이 있다고 한다. 아이 한 명 낳기, 책 한 권 쓰기와 나무 한 그루를 심는 일이라고 한다. 한국 사람인 나는 그들의 세 가지를 모두 따를 필요는 없지만 살다 보니 아이를 둘 낳았고 책은 전자책 한 권을 냈다. 지금 종이책을 집필 중이다. 나무 한 그루를 심을 기회는 없을 것 같아, 대신 '나무 한 그루 분량의 종이에 평생 글을 쓰면 어떨까?' 하는 생각을 했다.

게으른 사람의 모습의 사람을 상상해 보자. 부스스한 얼굴에 까치 머리를 하고 잠옷 바람으로 침대에 누워 "이불 밖은 위험해!"를 외치는 사람일까? 아니면 소파에 누워 리모컨을 만지작거리며 하루 종일 TV채널을 바꿔가며 시청하는 사람일까? 이불 밖보다 더 위험한 사람은 침대에서 늦게 나오는 사람이다. 요즘 TV를 보면 채널을 돌려도 같은 프로그램인가 싶을 정도로 출연자들이 여기저기

나는 죽을 때까지 빛나기로 했다

겹쳐 나온다. 채널 구분이 의미가 없어진 느낌이다. "때가 되면 할 거야."를 수십 번 반복하며 집안 살림과 할 일을 미루다, 결국 어떤 일도 마무리 짓지 못하는 사람들도 많다. 하게 되는 그 '때'는 앉아서 기다리면 절대 오지 않는다.

진짜 게으른 사람은 필요 없는 생각과 고민으로 하루를 채우는 사람이다. 결국 실행하지 못한 채로 다음날을 맞이하며 같은 모습으로 귀한 시간을 낭비한다. 시간만 낭비되는 것이 아니다. 자기 자신까지 낭비하는 일이다.

둘째 아이가 유치원에 다닐 때 친구 엄마 얘기다. 친구네 가족은 우리 집 바로 위층에 살고 있어 자주 마주쳤다. 우연히 알게 된 그녀만의 특이한 습관이 있었다. 하루에도 여러 번 동네 상가에 있는 마트를 오가며 장을 보는 일이다. 필요한 식재료가 생길 때마다 한두 가지를 사러 오가는 듯했다. 한 시간 전에 마주쳤을 때는 종량제 봉투에 양파 한 망과 대파 한 단이 들어 있었고, 두어 시간이 지나 마주쳤을 때는 두부 한 모와 순두부 양념이 든 봉투를 들고 바쁘게 걷고 있었다. 아이들 하교 시간이 다가오는 오후에는 간식을 사러 나왔다며 떡 한 팩과 포장된 어묵탕을 들고 아이를 기다렸다. 저녁 준비할 시간에는 갑자기 저녁 메뉴를 바꿨다며 부족한 식재료를 내게 빌려가기도 했다.

아이 유치원 일로 물어볼 것이 있어 전화하면 언제나 그녀는

"바빠 죽을 것 같다."고 말했다. 운전면허가 없어 가끔 내 차를 타고 볼 일을 봤다. 어느 날 책 한 권을 추천했는데 "노안이 빨리 와서 눈이 아파 못 읽는다."고 했다. 함께 새로운 것을 배워볼 것을 제안했을 때 지금 모습으로 살아가는 것이 좋다고 했다.

도대체 시간을 어떻게 보내기에 바빠 죽을 것 같은 지 이해되지 않았다. 4년 가까이 그녀를 지켜보며 깨달은 것은, 그녀는 자신을 위해 시간을 쓰는 일에 익숙하지 않다는 것이었다. 언제나 남편과 아이들의 식사나 학교 준비물을 사기 위해 여러 번 마트와 상가를 오갔다. 노안이 와서 책은 읽지 않는다고 했지만 아이들의 옷을 살 때 휴대전화 쇼핑 앱은 긴 시간 들여다보았다. 그녀는 '진짜 바쁨의 의미'를 알지 못하는 것 같았다. 자신만을 위한 시간을 보내는 것에 익숙하지 않아 '거짓 바쁨'으로 일상을 채우고 있는 느낌이었다.

바쁘려면 자신을 들여다보는 일로 바빴으면 좋겠다. 세상과 단절하는 용기를 내는 연습도 필요하다. 타인의 삶을 엿보거나 다른 사람의 기준에 맞춰 사는 삶은 그림자로 사는 것에 불과하다. 나만의 리듬과 걸음을 찾아야 한다. 세상에 흔들리는 사람이 아닌 세상을 흔드는 사람으로 살아보자. 독서를 통해 꾸준히 쌓은 배움은 결국 기회를 만들어 주고, 실패의 경험은 다시 시도할 수 있다는 용기를 준다. 완벽한 타이밍보다 실행이 더 큰 운을 부른다고 했다. 준비된 나만의 루틴으로 기회를 만드는 지혜로운 사람이 되자.

나는 죽을 때까지 빛나기로 했다

두 아이를 학교에 보내며 알게 된 지인들과 대화 중 느낀 것은 그들은 자신에 대해 할 이야기가 많지 않다는 사실이었다. 옆집 엄마 이야기, 친척 중 누구 하나의 성공 스토리, 아이 친구가 학교에서 1등 한 얘기를 하며, 타인의 삶에 관심이 많았다. 스스로에게 관심이 많은 사람은 남 얘기에 관심이 없다. 진짜 어른은 자기 삶에 집중하며 살기도 바쁘다.

죽을 때까지 힘든 것이 인간관계라고 한다. 알다가도 모를 타인의 감정에 마음이 흔들리는 때도 있다. 하지만 삶에 중요하지 않은 관계로 힘들어하는 시간은 내 시간을 방해하는 원인이 된다. 하루를 어떻게 쓰고 있는지 일상을 돌아보자. 나답게 사는 일의 우선순위가 무엇인지 목록을 적어 보면 좋겠다. 무조건 '열심히'가 아니라 '똑똑하게' 시간을 쓰려면 의미 없는 바쁨에 취해 있어서는 안 된다. 쓸데없는 인간관계나 유흥은 끊어내야 한다. 변하는 세상에서 항상 배우는 자세로 내 안에 숨은 재능을 하나씩 찾아보자. 건강한 몸과 지혜로운 두뇌로 단련하기 위해 삶에 투자하자.

데일 카네기는 "성공의 비결은 자신의 능력을 발견하고, 그것을 최대한 발휘하는데 있다."고 했다. 자신의 능력을 발견하기 위해서는 자신과 깊은 대화가 필요하다. 반복되는 일상에서 사소한 질문 몇 가지라도 던져보자. '나는 누구인가?' '나는 오늘 이 일을 이 시간에 왜 하고 있는지?', '바쁘다는 핑계로 불편했던 것들을 방치한 일들은 무엇일까?', '하루를 어떻게 보내고 싶은지?', '나를 위한 시간을 보낸다는 것은 어떤 것을 의미할까?' 등의 질문을 통해 내가 가진 능력을 찾아보자. 반복되는 질문에 답을 찾는 과정은 시간을 잘 활용할 수 있도록 지혜로운 길로 안내할 것이다.

북토크 진행을 하면서 항상 마무리 인사에 넣는 멘트가 있다. "평생에 단 하루도 같은 날은 없다는 것"과 "다시 오지 않을 오늘에 최선을 다하자."는 것이다. 나는 많은 시간을 나에게 투자한다. 매일 필사를 통해 하루의 시작을 기록하고, 낭독을 통해 자신과의 대화를 시작한다. 하루 한 권 독서하며 사색하고 성찰한다. 꾸준한 반복만이 나의 삶을 빛나게 한다고 믿기에 하루도 거르지 않는다. 재능은 가지고 태어나는 것이라 하지만 수천 번의 반복 앞에 재능은 무릎을 꿇을 수밖에 없지 않을까. 하는 일이 많지 않은 날이 아닌 성찰 없이 보낸 하루가 진짜 낭비된 시간임을 기억하자.

세상은 내 말을 기억하지 않고 내가 만든 장면만을 기억한다고 한다. 변화된 하루의 일상에 적응하는 일이 쉽지 않고 불안한 마음이 들어 그만두고 싶거나 다른 길을 찾고 싶을 수도 있다. 생각의 깊이와 폭을 넓혀주는 사람들로 주변을 채우고 함께 보내는 시간을 모두의 성장을 위한 시간으로 만들자. 그동안 의미 없는 바쁨으로 시간을 보냈다면 이제는 삶의 장면마다 특별하게 만들기 위해 노력

나는 죽을 때까지 빛나기로 했다

하자. 자신이 세운 삶의 기준을 향해 묵묵히 다가가며 세상에 행동과 결과로 증명하자.

누구나 흔들린다. 흔들리는 것이 정상이다. 하지만 늘 제자리로 돌아와 "오늘도 해 보자."를 외치며 시간 속에 나를 맡기자. 바쁨 중독 대신 나를 채우는 시간이 주는 본질에 집중하며 내 안에 좋은 것들이 가득 차서 흘러넘치도록 말이다.

익숙함이 설렘으로 변하는 마법

"1학기 시험을 모두 마쳤는데, 학점이 잘 안 나오면 어떡하죠?"

대학에 입학하고 한 학기를 마친 큰 아이에게서 전화가 왔다. 여름 방학 일정을 의논하려나 생각했는데 걱정이 있다고 했다. 대학에 입학하며 세운 목표가 학업 장학금을 받는 일이었는데 성적이 잘 나올지 염려된다고 했다.

"네가 학생으로서 최선을 다했으면 된 거야. 점수를 정하는 일은 교수님의 몫이니까. 상황을 해결하는 열쇠가 네 손에 없는 일은 마음 두지 않아야 해. 귀한 시간과 에너지가 불안에 쓰이면 아깝잖아."

세상에는 자신이 통제 할 수 있는 일과 통제할 수 없는 일이 있다. 심리학에서는 '통제의 이분법'이라고 불리는데, 우리는 통제 가능한 일에 집중하며 살아야 한다. 그 외의 것은 받아들이고 어떤 상황에서든 마음의 평온을 유지하기 위한 방법을 찾으면 된다. 설명되지 않는 익숙한 불안함은 내면의 중심을 흔들리게 한다. 자신이 할 수 없는 일도 세상에 많다는 사실을 기억하자. 부정적인 감정에 휩싸이더라도 할 수 있는 부분에 집중하며 현실적으로 삶을 대하려 노력하자. 자신의 의지나 노력으로 해결할 수 없는 일도 있다고 받아들이는 태도는 불확실한 상황에서 오히려 회복 탄력성과 평온함을 가져다준다. 불안과 걱정에 익숙해지지 말자. 매 순간 적극적이고 능동적인 마음 자세를 갖자.

참 신기하다. 매일 아침 필사와 낭독을 하고 한 권 독서를 했더니 뇌에 녹음기가 장착됐나 보다. 친구와 얘기를 하다가도, 북토크에서 저자와 인터뷰 할 때도, 언제 읽었는지 모를 책의 문장이 술술 나왔다. 북토크 행사에는 언제나 큐카드를 준비하는데 큐카드에는 간단한 단어를 적고 문장을 떠올려 진행한다. 진행하며 느끼는 즐거움은 색다르다. 큐카드에 적힌 단어보다 적히지 않은 단어와 문장이 활용된 애드리브가 끝없이 나온다. 일상의 루틴이 삶의 도구로 활용되는 경험에 놀랍다.

닉 트렌턴은 책《브레인 덤핑》에서 "심리적 거리두기는 효과적인 문제 해결을 돕고, 창의성을 높이며, 감정 조절 능력을 향상시키는 중요한 역할을 한다."고 했다. 우리는 갈등 상황에서 힘든 감정을 느끼면 원인을 되새기며 후회와 자책을 반복할 때가 있다. 그럴 때 우리를 고통스럽게 하는 익숙하고 반복적으로 떠오르는 감정은 유연한 대처를 힘들게 한다. '심리적 거리두기'는 상황에 대한 감정적 반응을 조절할 수 있게 돕는다. "하지 말아야 했어.", "내가 왜 그랬을까."와 같은 말로 자신에게 상처 주지 말자. 그럴 시간에 효과적인 방법을 찾는 일에 집중하자. 자신을 위하는 방법이 무엇인지 고민하고 신중하게 판단하자. 내면의 건강을 지키기 위해서라도 부정적인 감정은 내려놓자. 반응과 감정 사이에 거리를 두면 문제 해결 방법을 찾는 일에 객관성을 가질 수 있다. '내가 지금 힘들다고 느끼고 있구나. 날 위한 좋은 방법은 무엇일까?' 하며 '알아차림'을 알아차리자.

나는 지독한 완벽주의자였다. 한 번 놓아둔 물건이 제자리에 없으면 마음이 불안했다. 빨리 어떻게든 찾아서 자리에 가져다 두었다. 새로 생긴 식당이나 쇼핑몰에 가려면 예약은 필수고, 브레이크 타임은 있는지, 있다면 몇 시부터 몇 시인지 전화로 묻고 출발했다. 미처 확인을 못 하고 도착했는데 휴업인 날은 하루 계획이 틀어졌다는 생각에 감정이 롤러코스터를 탔다. 직장 다닐 때는 마음 편히 휴가를 사용한 적이 없었다. 휴가에서 복귀했을 때 대리 근무자가 제대로 처리 못 한 일이 있거나 밀린 업무가 많을까 봐 염려하느라

나는 죽을 때까지 빛나기로 했다

쉬지 못했다. 휴가철에 해외에 나가는 일정이면 여행이 아니라 '고행'으로 느꼈다. 인사철과 고과가 결정되는 시기에는 극도로 예민해져 잠도 제대로 못 잤다. 직장에서는 '업무관리 철저하고 용모까지 완벽한 사람'으로 불렸지만, 모든 에너지와 시간을 '완벽함'에 맞춰 갈아 넣었다.

긴 시간 내게 머물러 있던 것은 '익숙한 불안'이었다. 연이은 사업 실패로 '인생은 좌절만 안겨주는 쓴 맛'이라는 아빠의 피해의식에 나는 물들어 있었다. 유전자를 닮아 나 역시 '그 맛'을 경험하게 될까 봐 실패 자체를 '원천 봉쇄'하려는 삶을 살았다. 퇴행성 디스크로 걷지 못하고 누워 있었을 때 깨달았다. 매일 다가오는 일상은 '설렘'이어도 됐는데 '불안을 견디며 실패하지 않아야 하는 삶'으로 힘들게 느꼈던 것이다.

독서를 통해 나의 내면과 수없이 마주했다. 깨닫는 날의 연속이었다. 누워만 있는 삶을 경험했던 나는 일상과 순간의 소중함을 깊이 알게 되었다. 나와 연결된 가족, 지인들, 나의 존재를 있는 그대로 인정해 주고 빛나게 해주는 고마운 인연들을 돌아보았다.

초식동물은 사자가 먹는 고기를 부러워하지 않는다. 육식 동물도 소가 뜯는 풀을 먹고 싶어 하지 않을 것이다. 저마다 주어진 삶과 행복이 있다. 타인의 삶에 관심 두지 말고 내 마음속에서 일어나는 감정에 집중하자. 매번 새롭게 발견되는 내 모습에서 느끼는 설렘은 삶을 풍요롭게 만든다. 만일 삶이 혼란스럽게 느껴진다면 변화의 중심에 서 있는 것으로 생각하자. 일상의 작은 흔들림에 일희일비하지 말자. 때로는 작은 균열이 엄청난 변화의 시작이 되기도 하니까. 하루 10분 만이라도 가만히 멈추고 일상을 들여다보자. 휴대전화 대신 책을 가까이하자. 완벽이 아닌 충만함을 선택하자. 갖지 못한 것에 대한 불평 대신 감사할 일을 적어보자. 중요하지 않고 사소한 일은 과감히 미뤄두어도 된다.

생각하는 사람이 방향을 정하고 생각 없는 사람은 그저 따라갈 뿐이다. '나에게 행복한 일상은 어떤 모습인지', '나다운 삶은 무엇인지', '삶의 주인이 되어 어떤 일상을 가꾸고 싶은지' 생각해 보자. 불안은 자존감을 흔들고 성취의 유혹을 떨쳐내지 못하게 한다. 불안함에 익숙했던 과거를 먼발치에서 바라보았다. 항상 힘든 것만은 아니었다. 때로는 불안이 나를 더 단단하게 만들기도 했다. 그 시간이 모여 지금의 나를 만들었다. 평생 떨쳐내지 못할 바에는 불안을 친구로 곁에 두자.

마음의 평온을 누리는 삶을 만들자. 일상의 여유는 치열하게 살아낸 시간 뒤에 찾아온다는 것을 기억하면 좋겠다. 특별하지 않은 하루가 모여 삶의 귀한 페이지를 장식한다. 사소한 행복을 기록하면 마음이 단단해진다. 설렘의 기술이다.

나는 죽을 때까지 빛나기로 했다

멘탈관리는 시간 관리다

나는 '좋아하는 일 하면서 스트레스받기'를 좋아한다. "무슨 그런 걸 좋아하세요?" 묻고 싶겠지만, 내게는 행복한 일이다. 대부분의 사람은 '잘하면 더 잘해야 한다고 스트레스', '하기 싫으면 하기 싫다고 스트레스', '못하면 못 한다고 스트레스', '원하는 것을 하고 싶지만, 시간이 부족하다.'는 스트레스를 받으며 사는 것 같다. 이러나저러나 스트레스와 함께 살아야 한다면 좋아하는 일을 하면서 스트레스받는 것이 나은 선택이라고 생각한다. 때로는 의도치 않게 좋은 결과로 이어지는 행운이 오기도 하니까.

'꾸준함'을 실천하는 사람이 되고 싶었다. 누구나 시도는 하지만 꾸준하기는 쉽지 않다. 365일 필사와 낭독은 이 글을 쓰는 오늘이 342일째다. '2025년이 23일밖에 남지 않았구나.' '342일만큼 늙고 있구나.' 나이는 숫자에 불과하다지만 그렇게 믿는다고 큰 위로가 된다거나 마음이 밝아지지는 않는다. 하지만 나이 듦을 사랑하는 나다. "늙어 가는 것이 아니라 익어가고 있다."고 내게 말해주었다.

루틴을 지키는 나 자신이 기특하다. 필사와 낭독은 하루도 빠짐 없이 하지만 한 권 독서는 건너뛰는 날이 있기도 하다. 일독하지 못 했다는 후회나 자책은 없다. 자로 잰 듯한 행동은 인공지능 로봇에 게나 있다. 나를 아끼고 사랑하는 마음을 유지하는 일에 집중하는 것이 먼저다. 꾸준한 노력을 삶의 우선순위로 두는 태도는 지금의 단단한 멘탈을 갖게 했다.

"포기하지 마라. 대개 마지막 열쇠가 자물쇠를 연다."

파울로 코엘료의 명언이다. '나'라는 사람이 수백 개의 재능과 꿈을 가진 사람이라고 생각해 보자. 그것을 확인할 수 있는 문을 여 는 열쇠 꾸러미가 있고, 문 하나당 맞는 열쇠도 하나다. 열쇠를 바꿔 꽂아가며 어떤 문이 열릴지 하나하나 확인해 보고 싶지 않은가? 여 러 번 시도했지만 열리지 않는 문 앞에서 좌절하며 포기하고 싶은 순간이 올 수도 있다. 하지만 바로 그 순간이 문에 맞는 열쇠를 찾 기 직전이라면 어떻게 될까? 끝까지 시도하다 보면 문이 열리고, 그 토록 찾아 헤매던 답을 얻을 수 있을 것이다.

하루 24시간은 8만 6천4백 초다. 인생을 바꿀 기회가 매일 주어 진다. 시간과 기회의 주인공은 나다. 시간 사용을 설계하는 일도 나의 몫이다. '시간을 주도하는 즐거움'이 어떤 것인지 한번 생각해 보자. 치열하고 바쁜 일상을 살라는 뜻은 아니다. 흐르는 시간 앞에서 책임감을 가져보자. 시간을 효율적으로 쓰기 위해서는 삶을 단순하게 정리하는 일이 먼저다. 단단한 멘탈은 옵션으로 따라온다. 멘탈 관리는 곧 시간과 에너지를 관리하는 일이다. 무엇에 집중하고 하지 않을지를 과감하게 선택하자. 계획한 시간대로 사용하는 일에 방해되지 않는 환경을 만드는 것이 중요하다. 작은 일도 행동으로 옮길 때 삶을 단순하게 정리하는 힘에 대해 경험할 수 있다.

단단한 멘탈을 관리하기 위한 네 가지를 함께 실천하자. **첫 번째, '나에게 집중하기'다.** 쏟아지는 뉴스와 SNS 세상, 검색창을 들여다보는 일에 머무는 시간을 줄이자. 불어난 체중만 관리해야 하는 것이 아니라 정보를 받아들이는 일에도 다이어트가 필요하다. 자신과 대화할 수 있는 시간과 공간을 마련하자. 깔끔하게 정리된 공간과 조용한 시간을 정해 자신에게 질문하고 답해보자. 인생의 중요한 계획을 세우고 삶의 방향과 목표를 찾아보자. 부처도 말했다. "소리 없는 힘이 가장 멀리 가고 진짜 강함은 고요 속에서 자란다."고. 진짜 내 것은 조용한 시간에 쌓인다는 사실을 기억하자. 쌓인 시간은 결국 삶에 드러난다.

두 번째는 '자신을 사랑하는 마음을 갖는 일'이다. 하루의 시작이 평온해야 멘탈이 흔들리지 않는다. 자신만의 아침 루틴을 만들자. 몇 페이지의 독서도 좋고, 따뜻한 차 한잔과 음악을 듣는 시간도 추천한다. 언제나 자신의 감정을 우선에 두자. 감정에도 소화가 필요하다. 불필요하게 쌓인 감정은 묵혀두지 말고, 느끼는 그대로 수용하거나 믿을 만한 친구에게 털어놓자. 자신을 아끼고 사랑하며 배려하는 사람이 타인을 진심으로 대할 수 있다. 자신에게 여유롭고 친절해야, 타인에게도 관대한 태도를 보일 수 있다. 순간의 감정에 휘둘려 자존감이 낮아지게 해서는 안 된다. 세상의 분위기에 따라 흔들리지 않을 때, 자신만의 건강한 철학을 갖는다.

세 번째는 '말'보다 '행동'으로 보여주는 사람들과 교류하며 서로의 성장을 돕는 일이다. 좋은 사람과 대화하면 시간 가는 줄 모르고, 3박 4일 동안 했던 얘기를 반복해도 즐겁다. 좋은 사람 곁에 있으면 삶도 가벼워지고 일상에 대한 감사가 늘어난다. 불편한 사람과의 시간은 더디게 흐른다. 인간관계에 너무 기대하면 쓸데없는 감정이 소비될 수 있다는 것도 잊지 말자. 떠날 사람은 '사뿐히 즈려밟고 가실 수 있도록' 보내주자. 곁에 남은 사람들과의 관계에 집중하자. 부정적인 사람에게 에너지를 주지 말고 잘못한 사람에게 잘못을 알려 주려 애쓰지 말자. 그들 삶의 숙제는 그들이 하는 게 맞다. 때로는 타인의 부정적인 의견이나 간섭에 마음이 쓰이기도 하지만 나답게 다시 일어서면 된다. 그것이 진짜 강함이다.

네 번째는 '근거 없는 자신감 갖기'다. 필즈상을 수상한 수학자 허준이 교수는 "근거 없는 자신감이 중요하다.", "근거 있는 자신감은 너무 연약하다."고 말했다. 아무리 운 좋은 사람이라도 살면서 세 번은 반드시 힘든 과정에 놓이는데, 그런 순간에는 근거 없는 자신감이 더 나아갈 수 있는 힘이 된다고 한다. 어느 통계에서 인간은 자신의 단점을 실제보다 몇 배 더 부풀려 본다고 한다. 다른 사람들은 그다지 신경 쓰지 않는데 혼자만 끊임없이 자책하고 무너진다. 생각해보면 스스로를 괴롭히는 사람은 결국 자신일 때가 많다. 모든 일에 근거가 있어야만 한다고 생각하지 말자. 인생을 끝까지 잘 살아내는 힘은 '근거 없는 자신감'이다.

종종 '잘하지 않으면 소용없다.'는 압박 속에 자신을 몰아붙이며 살기도 한다. 그것은 '결과'만을 중요시하며 살아온 습관 때문이다. 결과가 아닌 과정에서 어떤 마음으로 배우고 성장하느냐가 삶을 더 단단하게 만든다. "비교는 단순한 위아래의 도구가 아니라 나다움을 찾는 기대다."라는 말처럼, 타인과의 비교에 흔들리지 말자. 대신 어제의 나와 오늘의 나를 비교하자. 자신과 경쟁할 때 자존감은 더욱 강해진다. 모든 상황에서 타인이 아닌 자신을 돌아보고 성장하는 기회로 삼으면 된다.

삶은 언제나 '성공'이라는 결말로 증명되지 않는다. 과정에서 이룬 '작은 실천'들이 진짜 '나다움'을 만든다. 결과보다 과정에 집중하는 일은 현재를 평온하게 만든다. 그동안의 시간에서 흘렸던 눈물은 모두 유의미한 경험이다. 자신을 깊이 사랑했던 흔적이며, 원하는 삶을 살고자 했던 간절함의 증거다. 모두가 나를 성장으로 이끈 귀한 것들임을 기억하자.

첼로를 연주하기 전 항상 해야 하는 일이 있다. 현을 조율하는 일이다. 악기도 쓸 때마다 점검이 필요한데, 우리 또한 매일 조율하고 다독여야 하지 않을까. 단단한 멘탈로 태어난 사람은 세상에 없다. 운동 전 스트레칭으로 긴장을 풀어주듯 우리 마음의 긴장도 신경써서 관리하자. 아무 탈 없는 날들이 지속되는 것이 꼭 좋다고만 할 수 없다. 삶에 오르막과 내리막이 없이 일직선의 길만 있다면 과연 평온한 삶일까? 적정한 불안이 공존해야 단단한 면역이 생긴다. 완벽한 평온이란, 통제할 수 있는 적정선의 불안을 관리하며 무너지지 않는 태도를 갖는 일이다.

회복 탄력성은 그저 버티는 게 아닌 무너진 나를 인정하며 다시 자신을 세우는 과정이다. 내면이 가진 상처를 외면하지 않고 보듬을 때 삶을 더 깊이 사랑할 수 있다. '멘탈 관리는 시간 관리다.'라고 해서 끊임없는 노력으로 일상을 지속하라는 뜻은 아니다. 휴일에는

나는 죽을 때까지 빛나기로 했다

아무 생각 없이 쉬는 것도 괜찮다. 때로는 계획 없이 늦잠을 자기도 하고 따뜻한 햇살에 몸을 맡기는 시간도 필요하다. 쉼은 게으름이 아닌 충전의 시간이 되기 때문이다. 본인만의 리듬으로 일상의 힘과 쉼을 조절해 보자.

세상은 여러 기쁨으로 가득 차 있다. 하지만 그것을 느낄 마음과 태도를 갖고 있지 않다면 그저 스쳐 지나는 보통의 일상일 뿐이다. 지나간 과거는 곱씹지 말고 끌어와 상상하지 말자. 실수 자체는 중요하지 않다. 실수를 반복하지 않으려는 노력을 하면 된다. 아직 일어나지 않은 일과 오지 않은 미래에 겁먹지 말고 현재의 나에게 집중하자. 내일이 두렵다면 내가 할 수 있는 오늘에 최선을 다하면 된다. 매일의 루틴을 정하고 자신과의 '작은 약속'을 만들고 실행하자.

세상에는 여전히 호기심 가득한 일들이 많다. 부족하다고 느끼는 순간조차 내가 성장하고 있다는 의미로 받아들이면 된다. 때로 틀린 선택을 하더라도 자신을 믿어주자. 존 러스킨은 "보석은 연마 없이 빛날 수 없고 인간은 시련 없이 완전해질 수 없다."고 말했다. 세공의 깊이를 더할수록 점점 빛을 발하는, 세상에 하나뿐인 자신의 보석을 만들자.

자투리 시간 100% 활용법

둘째 아이 첼로 수업은 매주 목요일 오후 3시 40분이다. 하교 후 집에 돌아온 아이에게 간식을 먹게 한 뒤 3시 10분에 첼로와 악보를 챙겨 집을 나선다. 학원 건물 지하에 주차하고 아이는 올려보낸다. 45분의 수업시간 동안 학원 앞 카페에 자리를 잡고 음료를 주문한다. 아침에 미처 다 읽지 못한 책을 펼친다. 몇 페이지라도 읽을 수 있는 시간을 확보했다는 기쁨에 기분이 좋다.

한 일타강사는 "자기 자신이 좋아지려면 적당히 독해야 한다."고 말했다. 지인들은 나의 일상을 보며 "정말 독한 사람"이라고 말한다. 동시에 "너의 꾸준함을 본받고 싶어."라며 부러워하기도 한다. 세상에 게으르고 나태하게 느껴지는 자신을 좋아하는 사람이 있을까. 깊은 행복과 자존감은 내가 나를 진심으로 사랑할 때 찾아온다. 자투리 시간마다 책을 펼치는 내 모습이 좋다. 한 줄 한 줄 읽는 순간의 충만함이, 인상적인 글귀를 기억하려 긋는 노란색 형광펜의 느

나는 죽을 때까지 빛나기로 했다

낌이 정말 좋다.

주방에 가스레인지 대신 인덕션을 설치했다. 타이머 기능을 자주 사용한다. 조리 과정을 중간에 확인해야 하는 번거로움 없이 음식을 올려 두면 된다. 달걀 삶기는 소금과 식초를 넣은 찬물에 달걀을 넣어 11분이면 맛있는 반숙이 된다. 언제나 쌀은 미리 씻어 냉장고에 넣어둔다. 불린 쌀을 압력솥에 넣어 인덕션에 올리면 밥이 완성되는 시간은 7분이다. 냉동 만두 조리는 전자레인지를 활용한다. 실리콘 스티머에 넣어 6분이면 딱 맛있게 조리된다.

15년 동안 사용했던 세탁기를 바꾸며 고민했다. 세탁과 건조가 일체형인 세탁기는 가격이 만만치 않았다. 세탁 시간을 효율적으로 사용하고 싶어 빠르게 결정했다. 세탁이 끝난 빨래를 건조기로 옮겨 넣는 수고를 하지 않아도 된다. 건조기로 옮길 타이밍을 놓쳐 세탁물을 다시 헹궈야 하는 번거로움도 없다. 시간도 에너지도 낭비하지 않게 되니 일타쌍피, 아니 일거양득이다. 빨래를 개거나 설거지할 때는 유튜브 경제 강의를 틀어놓는다.

매년 봄 학기와 가을 학기에 시립 도서관에서 경제 강사로 활동하고 있다. 아침 독서 시간에 일주일에 두 권의 경제 도서를 꼭 읽는다. 돈과 세계 경제 흐름을 파악하기 위한 다양한 분야의 공부도 지속적으로 한다. 성인 수강생을 대상으로 강의하며 알게 된 사실은 충격적이었다. 돈, 투자 그리고 세계 경제의 흐름은 빠르게 변화하고 있는데 '돈과 투자에 대한 인식'은 오랜 과거에 머물러 있었다.

나는 시간을 쪼개서 사용하고 메모하고 기록하는 습관이 있다. 시간 낭비를 최소화하고 싶어서다. '무엇을 잘하고 못하는지', '무엇을 좋아하고 싫어하는지', '할 수 있는 일은 무엇이고 하기 힘든 일은 어떻게 하면 되는지' 알고 있다. 일단 시작하고 과정에서 배우면 된다고 생각한다. 배우는 과정이 즐겁다. 어떤 도전이든 망설이지 않고 실수가 적은 편이다. 방법에 집중하고 마음먹은 일은 꼭 마무리를 짓는다. 목표 달성의 성취감만을 좇아 무조건 달리지 않는다. 매 순간을 의미 있게 보내기 위해 몰입하고 집중할 뿐이다.

주말이 되면 우리 집 거실 풍경은 아이러니한 장면을 연출한다. 나는 새벽부터 일어나 필사와 낭독을 하고 아침 독서를 한다. 남편은 아침 일찍 자전거를 타고 왕복 40킬로미터를 달리고 들어와 씻는다. 나는 식탁에 책과 함께 앉아 있고, 남편은 소파에 누워 골프 채널을 시청한다. 간격을 두고 나란히 놓인 식탁에서 한 명은 독서를, 한 명은 TV를 본다. "독서에 방해되지 않아요?" 남편이 가끔 묻지만 내게는 그 질문이 들리지 않는다. 책과 함께하는 시간은 시공간에 대한 감각을 확장시킨다. 일종의 '경외감' 같은 것이 느껴지기도 한다.

인간은 '목표지향적인 종'이기에 단순한 즐거움만으로는 삶의 동기를 얻지 못한다고 한다. 목적이 분명한 활동과 의미 있는 경험

나는 죽을 때까지 빛나기로 했다

을 할 때 행복을 느낀다. 인생을 행복과 의미를 찾기 위한 시간으로 채울 수 있다면 얼마나 좋을까? 행복한 시간, 별로인 시간, 낭비한 시간에 대한 추적 연구에 대해 읽은 적이 있다. '행복한 시간'은 즐겁고 의미 있는 시간이며, 재미나 의미를 느끼지 못하는 시간은 '별로인 시간'이라고 한다. 재미와 의미가 없는 시간은 '낭비한 시간'으로 여긴다고 했다.

시간을 잘 활용하는 일은 주어진 시간을 풍족하게 느끼는 일이다. 하고 싶은 일과 해야 하는 일을 해내는 능력에서 자기효능감과 자신감이 생긴다. 뇌의 골든타임은 기상 후 2~3시간이며, 햇빛을 쬔 아침 시간이라고 한다. 공복 상태에 집중하는 시간, 운동을 마친 직후와 짧은 낮잠을 자고 일어난 시간, 깊은 몰입에 빠져있는 시간, 잠들기 전 사색하는 시간 모두 뇌가 행복한 시간이다. 그때를 놓치지 말자. 그런 순간에는 시간의 한계가 느껴지지 않는다. 사소한 일조차도 몰입하며 시간의 '풍족함'을 경험할 수 있다.

오래전 유튜브에서 봤던 영상이다. 한 교수가 강의실에 들어와 강의대에 큰 유리병을 올려놓았다. 먼저 골프공을 유리병 입구까지 부었다. 두 번째로 조약돌을 유리병에 부었다. 교수는 학생들에게 유리병이 찼는지 물었고 학생들은 "네"라고 답했다. 이어서 모래를 꺼내 유리병에 부었는데 골프공과 조약돌 사이사이를 모래가 채웠다. 교수는 말했다. "이 유리병은 당신들의 삶입니다. 골프공은 가장 중요한 것들이고, 조약돌은 또 다른 중요한 것들, 모래는 사소한 일들입니다." 이 영상이 주는 교훈은 이렇다. 사소한 일에 시간과 에너지를 쏟으면 정작 해야 할 일에는 쓸 시간이 부족해진다는 것이다. 삶의 우선순위를 정하는 일은 무척 중요하다는 사실을 자각하게 한다. 생각 없이 시간을 흘려보내면 진정으로 가치 있는 일을 위한 시간은 남아있지 않게 된다.

'많은 허드렛일로 소모되는 시간이 있는 것'은 아닌지 일상을 돌아보자. 자신을 위해 쓰는 시간이 줄면 삶에 여유가 없고 일상이 불만족스럽게 느껴질 수 있다. 중요하지 않은 일에 쓰는 시간은 얼만큼인지 깨닫는 일이 중요하다. 낭비되는 시간을 줄여야 자신의 행복을 위해 쓰는 시간을 확보할 수 있다. 어제보다 나은 방향으로 시간을 쓸 수 있도록 의식적으로 생각하고 설계해 보자.

효율적으로 시간을 활용하는 방법은 '선택'에서 시작한다. 작은 변화는 성공으로 이끄는 비범한 선택이 되기도 한다. 나는 옷을 구입할 때 마음에 드는 디자인의 색을 여러 벌 구입하며 결정에 대한 피로를 줄인다. 새로운 도전을 앞 둔 상태에서는 돈보다 먼저 시간을 계획하고, 가진 에너지를 효율적으로 사용할 수 있는 일인지 계산한다. 경험하지 못한 배움은 망설이지 않고 시작한다. 기분 내키는대로 쉬지 않고 컨디션에 맞춰 휴식을 결정한다. 다른 사람이 없는 공간에서도 늘 같은 모습으로 생활하며 하루의 루틴을 철저히

나는 죽을 때까지 빛나기로 했다

지킨다. 하기 싫은 일은 미루지 않고 바로 시작해서 끝낸다.

자투리 시간에 하면 좋은 활동들을 몇 가지 공유하고 싶다. 책 읽을 시간을 확보하기 어렵다면 오디오북을 활용하면 된다. 집안일을 할 때는 영감을 떠올리게 하는 팟캐스트를 듣거나 유튜브 강의를 틀어두자. 차에는 항상 책을 몇 권 비치하고 아이를 학원에 데려다주고 기다리는 시간에 몇 페이지라도 읽자. 출퇴근할 때는 휴대전화에 외국어 학습 앱을 설치하고 하루 한 문장이라도 공부하자. 요즘은 식재료를 주문하면 다음 날 새벽에 배송이 되는 시스템이 있어 장보기가 편리하다. 일과 중에 마트에 오가는 일을 줄이고 식재료는 잠들기 전 주문하자. 가족이나 지인의 안부를 묻는 전화는 주말 특정한 시간을 정해두고 연락하면 된다. 모임 멤버나 친한 친구와 통화가 어려울 때는 카톡을 활용해 좋은 글이나 안부 인사를 남기도록 하자.

유한한 시간 속에서 발견하는 깊은 행복을 말하고 싶었다. 많은 사람들이 일상의 아름다움을 느끼며 여유 있게 살기를 바란다. 매일 누리는 순간에서 작은 시간조차 기쁨으로 채울 수 있으면 좋겠다. '무엇을 할지'가 아니라, '언제 할지'에 대한 질문에 답할 수 있을 때, 우리는 기쁨과 의미로 가득 찬 삶과 깊이 연결될 수 있다. 사실 '자투리 시간'이란 없다. '가치 있는 시간'의 다른 이름일 뿐이다. 그 귀한 시간에 집중할수록 우리는 더 행복해질 수 있다.

하루를 견고하게 만드는 시간 활용법

휴대전화 알람이 울린다. 언제나처럼 아침 5시 50분이다. 나는 특별한 일이 없다면 기상 시간과 취침 시간을 지키려고 노력한다. 하루 스케줄을 확인하며 아침을 시작한다. 침대를 정리하고 머리를 빗은 다음 앞머리가 흘러내리지 않게 머리띠로 고정한다. 주방으로 걸음을 옮겨 에스프레소 잔에 그리스산 유기농 올리브유 한 스푼과 레몬즙 한 스푼을 섞어 마신다. 세수와 양치를 하고 책상에 앉는다.

그날의 필사 페이지를 펼쳐 문장을 천천히 읽는다. 낭독하고 싶은 부분에 노란 형광펜으로 줄을 긋고 필사 노트에 옮겨 적는다. 마이크와 휴대전화를 연결하고 녹음 앱을 실행시켜 낭독을 시작한다. 낭독 영상을 인스타그램에 올린 다음 독서 모임 카톡방에 글을 올린다. 매일 아침 같은 시간에 좋은 글과 명언을 공유한다.

아침 독서는 6시 30분이 되면 시작한다. 7시에 일어난 둘째 아이가 눈을 비비며 주방으로 걸어 나오면 독서를 잠시 멈추고 아침

나는 죽을 때까지 빛나기로 했다

을 준비한다. 남편은 공복에 올리브유와 레몬즙을 마시고 이미 출근한 상태다. 아침은 회사에서 먹는다. 퇴사 전에 남편 회사의 CEO를 만날 수 있으면 좋겠다. 삼시 세끼 식사를 제공해 준 것에 대한 감사 인사를 전하고 싶어서다. 둘째 아이는 8시에 집 현관을 나선다. "하루 동안 보고 싶을 거야." 안아 주고 배웅한다. 그리고 아침 독서를 이어간다.

주부로, 아내로, 엄마로, 작가로, 북토크 진행자로, 현악 앙상블 단장으로, 경제 강사로 사는 나의 삶은 버라이어티하다. 많은 역할을 하며 사는 내게 지인들은 묻는다. "어떻게 살길래 똑같이 주어진 하루 24시간을 알차게 쓰는 거야?" '나만의 루틴 지키기', '해야 할 일에서 우선순위 정하기', '불필요한 사람들과의 만남 갖지 않기', '힘든 일이 생겼을 때 고민의 시간보다 방법 찾는 시간에 집중하기'를 실천하면 된다.

시간을 견고하게 사용하는 방법 **첫 번째는, '나만의 루틴 지키기'**다. 눈 뜨면 시작하는 필사와 낭독, 그리고 아침 독서가 그것이다. 여행을 가거나 명절에 고향을 방문하는 일정이 생기면 필사와 낭독을 미리 하고 영상도 만들어 놓는다. 읽을 책과 형광펜은 머무는 기간만큼 짐에 챙겨 목적지에서 매일 한 권씩 읽고 인스타그램에 올린다. 만일 루틴은 있는데 성장하는 느낌이 들지 않는다면 작은 습관 하나를 추가하면 된다. 시간은 5분 이내로 할 수 있는 효과적인 일이면 좋다. 아침 독서를 시작할 때 따뜻한 커피나 향긋한 차를 선택하는 일, 디저트를 고르는 일, 음악을 틀어놓는 일 등이다.

스탠퍼드 대학교수의 루틴 이야기가 떠오른다. 하루를 망치는 최악의 모닝 루틴은 일어나서 '계속 침대에 누워있는 상태에서 생각 없이 휴대전화 화면만 넘기는 태도'라고 했다. 햇빛을 쬐지 않고 실내에만 머문다거나 몸을 거의 움직이지 않는 일도 마찬가지라고. 이것저것에 신경 쓰고 손대다 정작 마무리를 못하고 계획이나 의도대로가 아닌 흘러가는 대로 시간을 보내는 일은 정말 최악이라고 했다. 그러나 내가 생각하는 가장 최악은 '루틴이 없는 것'이다.

두 번째, '해야 할 일에서 우선순위 정하기'는 시간을 효율적으로 사용하는 데 있어 가장 중요하다. 행복과 효율성을 높일 수 있는 가장 빠른 방법은 '시간 혁명'이라고 했다. 해야 할 일 목록에서 우선순위를 표시하고 바로 실행할 수 있도록 하자. 구분은 '중요도'와 '긴급도'를 기준으로 하면 된다. 머릿속이 복잡하면 어떤 일을 해도 집중이 안 될 수 있다. 머릿속을 먼저 정리하자. 떠오르는 생각을 모두 받아들이며 고민하지 말고 메모해 둔 내용이나 휴대전화에 입력한 스케줄대로 실행하는 습관을 들이자.

세 번째, '불필요한 만남 갖지 않기'는 나이가 들수록 인간관계에서 오는 피로와 회의를 경험하며 깨닫게 되는 부분이다. 오는 연락에 모두 답장하거나 많은 모임과 자리에 참석하는 등 모든 관계를 유지하려는 일은 불가능하다. 다양한 인간관계를 경험하는 여유는 이십 대까지 할 수 있는 일이라고 생각한다. 아무리 바빠도 만날 사람은 만나게 되어 있고, 연락이 뜸해도 오래 유지될 인연은 곁에 남는다. 마음고생하는 관계는 고민하지 말고 시간의 흐름에 맡기자. 쓸데없는 만남은 거절할 줄 아는 용기로 끊어내자. 서로의 성장을 위해 발전하고 더 나은 미래를 향해 노력하는 사람들과 소통하자.

네 번째, '힘든 일이 생겼을 때, 고민의 시간보다 방법 찾는 시간에 집중하기'다. 편치 않은 감정으로 마음 정리가 안되는 날이 있다. 그럴 때는 느끼는 그대로 감정을 받아주고 자신을 이해해주어야 한다. 결정이 두렵고 망설여질 때는 마음 상태를 기록하는 것도 불안과 고민을 줄이는 데 도움이 된다. 고민보다 방법 찾는 시간에 에너지를 쓰자. 가벼운 태도의 전환 하나가 인생을 바꾼다. "자기를 지배하지 못하는 자는 결국 아무것도 지배하지 못한다."는 니체의 말을 기억하자. 시간과 태도의 주도권이 내 손에서 떠나지 못하게 하자.

자신이 하고 싶은 일이 아니라 타인에게 부탁받은 일을 하느라 시간을 쓰는 일, 효율적인 방법을 찾지 않고 항상 같은 방법으로만 처리하는 것, 예상 시간보다 두 배 이상을 낭비하며 하는 일, 신뢰할 수 없는 사람과 나누는 대화, 자기 계발과 관련이 없는 특별하지 않은 일로 시간을 보내는 것은 최악의 시간 활용이다. 사람이 어떻게 '자기 좋은 일,' '재미있는 일'만 하고 사느냐고 묻겠지만, 시간을 효율적으로 활용하며 순간에 몰입할 수 있는 일 자체를 '즐겁고 재미있는 일'로 여기면 된다.

부정적인 사람, 미리 하는 걱정, 타인과의 비교, 누군가를 탓하는 말, 실수에 대해 자책하는 일은 되도록 하지 말자. 오늘 가장 감사했던 일, 맛있었던 음식, 오늘 들은 칭찬, 책을 통해 만난 인상적인 글귀, 소중한 친구와의 대화, 햇빛을 받으며 걸었던 산책, 귀한 경험을 위해 돈을 썼던 행복감과 같은 일들에 대해 생각하며 살자.

20%의 일로 80%의 성과를 만들어 내기 위한 효율적인 시간 분배는 필수다. 최소의 시간으로 최대의 성과를 거둘 수 있는 '혁신적인 시간 사용법'에 대해 고민해 보았다. '너무 잘 살려고 애쓰지 마라', '하기 힘들 것 같은데?', '굳이 그 나이에 뭐 하려?'와 같은 타인의 말은 귀에 담지 않는다. 나는 '누군가가 했다면 나도 할 수 있다.'고 생각한다. 그저 나만의 방향과 속도를 결정할 뿐이다. 전문가에게 맡겨 처리해야 할 일은 그들에게 맡기고 내가 할 수 있는 일은 최대한 즐겁게 하려고 노력한다. 오늘이 아니고 지금이 아니면 평생 할 수 없는 기회라고 여긴다. 과정에 최선을 다하며 순간의 충만함을 느낀다.

나는 죽을 때까지 빛나기로 했다

견고한 시간 활용을 위한 나만의 세 가지 성취는 이것이다. 걷기나 달리기를 통한 **'건강한 몸'**, 책을 읽고 글을 쓰며 새로운 것을 배우는 **'지적인 활동'**, 명상과 성장을 위한 생각 정리로 **'내면을 다지는 일'**이다. 타인의 의견에 의미 두지 말자. 조용히 자신만의 루틴을 쌓고 나다운 삶의 습관과 태도를 만들자. 시간을 대하는 습관과 태도를 지키는 것은 원하는 인생을 얻을 수 있는 길로 향하는 첫걸음이다. 태도가 무너지면 시간을 낭비하게 되고 결국 삶도 무너질 수 있다.

"견고하다."라는 형용사를 좋아한다. 사전적 의미는 '굳고 단단한', '의지에 흔들림이 없이 확고하다'를 뜻하는 말이다. 성공한 사람과 실패한 사람의 차이는 재능이 아니다. 환경도 아니고 운도 아니다. 하루의 시작을 어떻게 했는지, 주어진 시간을 어떻게 관리했는지가 차이를 만든다. 당신의 하루, 당신의 시간은 어떻게 관리되고 있는가?

상위 1%의 삶을 사는 사람들은 화려한 비밀을 가졌거나 특별한 비법이 있는 것이 아니다. 자신이 세운 시간 관리에 대한 태도를 끝까지 밀어붙여 살아온 사람들이다. 흘러가는 시간 속에 자신을 맡겨 사는 사람과 자신에게 주어진 모든 것을 해낼 수 있다는 자신감을 가진 사람의 차이는 결국, 시간의 밀도다.

4장

탁월함을 만들어 내는 법

배움과 나눔

필사하고 낭독하며 나누는 삶

"365 낭독 필사, 342일 차."

필사책의 페이지를 펼쳐 천천히 읽는다. 한 줄 한 줄, 사색과 마음까지 보태면 그날의 필사 노트가 채워진다. 낭독할 차례다. 정여울 작가의 《1일 1페이지, 세상에서 가장 짧은 심리 수업 365》를 올해의 필사책으로 정했다. 2025년 1월 1일부터 하루도 빠짐없이 필사와 낭독을 하고 있다. 나는 사 남매 중 유일하게 아빠의 필체를 닮았다. 하지만 어떤 노력에도 아빠의 명필은 흉내조차 낼 수 없다. 9년 전 돌아가신 아빠를 추억하며 쓰는 글씨는 내게 특별한 의미를 가진다.

필사는 단순하게 글을 따라 쓰는 행위가 아니다. 좋은 글에 집중하며 자신에게 몰입할 시간을 갖는 일이다. 매일 아침 그날의 감정과 메시지를 손으로 기록하며 내면을 정리한다. 저자의 글을 따라 쓰는 것을 통해 어휘력과 표현력을 배운다. 북토크 진행자로 활동하며 대본을 작성했던 경험은 '글 쓰는 일'이 두려웠던 나에게 용기를 주었다. 쓰기의 본질이 '필사'라고 했다. 읽는 일보다 쓰는 일은 마음을 움직인다. 읽기에 그치지 않고 쓰게 되면 오래 기억에 남는다. 책을 읽고 인상적인 문장을 옮겨 적는 동안 글은 내 안에서 다시 살아난다. 한 문장 한 문장을 적으며 책 속 저자를 다시 만난다. 마음이 흔들릴 때마다 나를 살리는 문장들이다. 시간이 흘러 다시 읽으면 그때의 감정과 삶의 흔적을 만날 수 있다.

'글을 소리 내어 읽는 행위'가 '낭독'이다. 필사와 함께 시작한 낭독은 북토크 진행자로 활동하며 정확한 발음을 유지하고 싶어 선택한 일이었다. 불필요한 말을 덧붙이거나 말할 때 문장이 길어지면 전달하고자 하는 핵심이 흐려진다. 의미 전달에 지장이 없는 부분을 반복해서 말하면 진행자로서의 신뢰감을 떨어뜨릴 수 있다. 군더더기 없는 간결한 진행은 북토크에 아주 중요한 부분이다.

낭독은 집중력과 이해력, 기억력 등으로 대뇌의 신경세포를 70% 이상 움직이게 한다고 했다. 반복적으로 소리 내어 읽고 듣는 습관은 책의 내용을 더 오래 기억하게 한다. 자주 사용하지 않는 표현과 단어의 발음은 언어를 받아들이는 속도를 빠르게 돕는다. 저자와 인터뷰할 때 책에서 읽은 명언이나 좋은 문장들이 나도 모르게 술술 나온다. 낭독 덕을 본 것이라 해도 과언이 아니다.

어렸을 적 내 방 가득 책을 채워주신 분은 아빠지만 독서 습관
은 엄마로부터 받은 것이다. 하교 후 집에 돌아오면 엄마는 늘 마루
에 앉아 고전 소설을 읽고 계셨다. 매일 새벽 필사와 낭독을 마치면
배경음악과 목소리를 넣은 영상을 SNS에 올린다. 하루도 빠짐없이
엄마에게도 영상을 보내드리고 있다.

"매일 아침 우리 딸 목소리로 하루를 시작하니 행복하다. 유하
야. 고맙다."

휴대전화에 저장된 '엄마'라는 이름의 연락처를 눌렀을 때 "여보
세요." 하는 엄마의 목소리를 여전히 들을 수 있어서 정말 행복하다.
자주 찾아뵙지는 못하기에 목소리라도 매일 들려드리고 싶었다. 나
의 마음이 사랑하는 엄마에게 닿았기를. 긴 시간 변함없는 사랑을
주는 엄마 덕분에 삶에 대한 감사함과 행복함을 느끼고 있다는 사
실을 알아주시기를.

"작가님의 목소리를 들으며 하루를 시작해요. 혹시라도 영상이
늦게 올라오면 기다려지는 거 있죠."

SNS 친구의 고마운 답글이다. 철학자 아리스토텔레스는 "우리

나는 죽을 때까지 빛나기로 했다

는 우리가 반복적으로 하는 것에 의해 결정된다."고 했다. 아침을 무엇으로 시작하는지, 하루 중 가장 많은 시간을 무엇을 하는데 보냈는지 떠올려보자. 바로 그것이 '나 자신'을 정의하고 '나다움'을 결정한다. 우리의 미래를 보는 일이기도 하다. 무의식처럼 흘려보낸 시간이 내 삶을 설계하고, 하루 중 반복적으로 하는 일에 따라 삶은 바뀐다.

"아이들 챙기기도 바쁜데 그걸 언제 하는 거야?" 친구가 물었다. "매일 필사하고 낭독이 끝나면 그날의 독서를 시작해." "어찌 살아도 한 세상인데 대충 편안하게 살아. 너무 애쓰지 말아." 한다. "주어진 한 세상, 그 귀한 한 번뿐인 삶이기 때문에 대충 살 수 없잖아."라고 답하고 싶지만 혹시라도 자기 삶과 비교하게 될지 모른다는 생각이 들어 미소만 지었다. "말할 때는 침묵보다 나은 것이어야 한다."는 명언이 떠올랐기 때문이다.

필사와 낭독만큼 중요한 것이 있다. 바로 '말이 가진 힘과 무게'다. 무의식처럼 흘려보낸 말들이 내 삶을 설계하고 있다는 것을 알기에 말 한마디 쉽게 뱉지 않는다. 좋은 글을 필사하고 낭독할 때 그 글을 가장 먼저 만나는 두 눈과 귀는 내 것이다. 한 치 앞도 모르는 인생이지만 굳이 부정적인 말이나 불평으로 삶에 영향을 주고 싶지 않다. 타인을 존중하고 배려하는 말투에는 다른 사람의 운을 끌어오는 힘이 있다고 했다. 하물며 자기 자신에게 보여주고 듣게 하는 긍정의 언어는 얼마나 큰 행운을 가져올까. 성공하는 삶을 살고 싶다면 먼저 자신의 말투를 점검하자. 말이 우리를 성공이나 실패로 이끈다는 사실을 기억하자.

하루의 성과보다 중요한 것은 '꾸준함의 반복'이다. '지금'에 집중하고 내면의 지혜를 찾을 수 있게 돕는다. '꾸준함'은 보이지 않는 단단함을 쌓는 일이다. 흔들려도 무너지지 않는 습관을 만든다. 반복은 성공으로 향하는 길 위에 서는 것이며 본질은 꾸준한 태도에서 나온다. '지금, 이 순간'을 어떤 경험으로 채우며 살고 있는지 스스로에게 질문하자. '언젠가의 삶'을 좇아 '지금을 흘려버리는 오류'를 범하고 있지 않은지 말이다.

글 쓰는 작가로 성장하는 삶

나는 글쓰기가 두려웠다. 책을 읽으면, 의도하지 않아도 저자의 생각과 가치관을 알 수밖에 없다. "읽는 사람이 되어야 쓸 수 있는 거야."라는 평계로 글쓰기를 미뤘다. 하지만 읽는 삶을 사는 내 생각의 중심은 언제나 '쓰기'에 있었다. 인스타그램에 서평을 올리기 시작했다. 오래전부터 에세이를 쓰고 싶었지만 힘든 시절의 감추고 싶은 이야기를 꺼낼 용기가 없었다. 긴 글을 쓰려면 블로그가 제격이라는 생각으로 블로그에 일상 글을 쓰기도 했다. 글감을 정하고 포스팅하면서도 마음 한구석이 불편했다. '두렵다면서 왜 글을 쓰려고 하는지'. '쓰고 싶은 욕구를 멈추지 못하는 이유가 무엇인지'. 나를 향한 질문이 멈추지 않았다.

"나는 원래 한 명의 독자이다. 내게는 평생의 열정인 독서가 마법의 양탄자여서 나로 하여금 시간과 공간을 넘나들 수 있게 한다."

프랑스 최고 권위의 문학상인 콩쿠르상을 수상한 작가 파스칼 키냐르의 말이다. 내게도 독서는 시공간을 넘나드는 '마법의 양탄 자'다. 몇십억을 지불해야 한다는 '워런 버핏과의 점심 식사'가 부럽 지 않다. 책을 읽으며 역사 속의 모든 위대한 인물을 만날 수 있기 때문이다. 매일 SNS에 서평과 낭독 영상을 올린다. 덕분에 글쓰기 를 꾸준히 할 수 있었다. 책을 읽고 서평 쓰는 일은 밥을 먹고 잠을 자는 것처럼 자연스러운 일상이 되었다.

단 한 줄을 쓰더라도 글쓰기는 어떤 형태로든 시작하고 꾸준히 하는 것이 제일 중요하다. 오늘 무너졌다고 해도 내일 다시 시작할 수 있는 용기만 있으면 된다. 필사와 낭독 영상에도 짧은 생각과 감 정을 기록한다. 팔로워의 댓글에도 정성을 다해 답한다. 처음부터 완벽한 글을 쓰고 싶은 욕심은 글쓰기를 금방 지치게 할 것 같아 접 어두었다. '멈추지 않고 한 줄이라도 쓰는 날을 쌓아가면 된다.'고 마음먹었다.

나태주 시인의 시에서처럼 '자세히' 보아야 하고 '오래 보아야' 좋은 글을 쓸 수 있다는데 말처럼 쉬운 일은 아니다. '적당히'와 같 은 의미를 지닌 단어처럼 느껴졌다. 하지만 실천이 어렵다고 해서 글쓰기를 다른 작가들의 전유물로 양보할 수는 없었다. 오랜 시간 관찰하는 인내와 끈기가 꼭 글쓰기에만 유용한 것은 아닐 것이다. 산다는 것 자체가 우리에게 참을성과 끈기를 배우게 하니 말이다.

나는 죽을 때까지 빛나기로 했다

책을 읽고 서평을 올리며 익숙한 시선에서 벗어나 낯설고 새롭게 보는 연습을 했다. 원인과 결과를 바꿔쓰고 단어 표현을 달리 하기도 했다. 아직 드러나지 않은 숨어있는 창조성을 끌어내고 싶었다.

글감을 메모하면 "오늘은 뭘 쓰지?"에 대한 고민이 덜어진다. 쓰기 시작할 때 마음이 가볍다. 정해진 주제가 있으면 시작이 부담스럽지 않기 때문이다. 책을 읽다가 마음을 울리는 문장을 만나면 형광펜으로 밑줄을 긋고 휴대전화의 메모장에 기록한다. SNS에 올라온 감동 글귀들도 빼놓지 않고 스크랩한다. 유명한 작가들도 존경하는 다른 작가의 책을 읽고 필사했다고 들었다.

내가 아는 대부분의 작가는 자기만의 '문장 저장소'가 있다. 철학자의 명언이나 책에서 발견한 문장들을 수집하고 저장한다. 그 문장에서 새로운 영감을 얻기도 하고 신선한 문장으로 변신시켜 쓴다고 했다. 어니스트 헤밍웨이도 "좋은 문장을 쓰고 싶다면 좋은 문장을 필사하라."고 말했다. 결국 쓰는 사람은 언제나 한 명의 '독자'인 셈이다. 나는 휴대전화의 메모장이 '문장 저장소'다. 긴 시간 수집한 좋은 문장들이 가득하다. 비장의 무기를 그곳에서 하나둘 꺼내 쓰며 글을 풍요롭게 만든다. 문장 저장소는 글 쓰는 사람들에게 필수임을 기억하자.

"비체님은 남들이 하기 싫은 걸 좋아하는 사람 같아요."

탁월함을 만들어 내는 법-배움과 나눔

"남들이 하기 싫어하는 일, 무엇일까요? 꼬마 독자님?"

"주위를 둘러봐도 그렇고. 학교 친구들 모두 글씨 쓰는 걸 싫어하거든요. 엄마는 매일 필사하고 누군가에게 선물 할 때도 손 글씨로 카드나 편지를 쓰잖아요."

"그건 말이야, 엄마는 매일 책을 읽잖아. 읽다 보면 쓰고 싶은 생각이 들어. 엄마 생각을 쓰기도 하는데, 작가가 쓴 책에서 마음에 드는 글이 있으면 따라 쓰면서 행복해서 그래."

"비체님도 책을 쓰는 작가가 되면 어때요? 할 수 있는 능력이 충분하잖아요."

둘째 아이는 가끔 나를 '비체님'이라고 부른다. 그렇게 부르며 나를 보는 아이의 눈빛이 유난히 반짝거린다. '세상에서 가장 우아하고 지적인 우리 엄마'라고 칭찬해 주는 아이가 사랑스럽다.《아침 독서의 기적, 나를 바꾸다》는 그래서 세상에 나오게 되었다. 재작년 블로그 글쓰기를 시작으로 나는 '쓰는 사람'이 되었다. 동시에 2025년에 꼭 이루고 싶은 두 가지 목표를 세웠는데, 바로 '북토크 진행자 되기'와 '종이책 2권 출간'이었다. 매일 아침 감성 테이블 독서 사진을 하나둘 모아 몇백 장의 소중한 기록으로 남기며 살고 있다. 모은 사진을 삶의 근거로 남기고 싶어 책을 쓰기 시작했다. 목차를 쓰고 꼭지를 정하며 감성 독서 사진을 지면에 실을 수 있을지 고민

나는 죽을 때까지 빛나기로 했다

이 되었다. 다채로운 색감의 많은 사진이 책에 그대로 실리는 것이 가능한지 궁금했다. 알아보니 출판 비용이 만만치 않았다.

"그래, 전자책으로 출간하자. 사진의 색감과 감성 그대로를 모두 남길 수 있을테니."

나의 삶은 아침 독서의 기적을 경험하기 전과 후로 나뉜다. 지금도 그 기적을 매일 경험하고 있다. 나에게 '무엇을 할 때 편안한지', '어떤 가치관을 추구하는 사람인지' 끊임없이 질문하고 답을 찾게 한다.

매일 한 권의 독서는 꾸준함을 지키고자 하는 의지로 실천할 수 있었다. 하지만 글쓰기는 의지만으로는 힘들다. 시스템을 만들고 쓸 수밖에 없는 환경을 만들어야 가능하다. 몰입할 수 있는 황금 시간대를 정하고 루틴으로 정착시키는 일이 무엇보다 중요하다. 어제보다 나은 삶을 사는 것도 중요하지만, 나다운 삶을 살아갈 때 잘 쓸 수 있고 행복할 수 있다.

유행을 따르지 않는 나만의 다섯 가지 글쓰기 원칙이 있다. **첫 번째는 '매일 같은 시간에 시작하기'다.** 시간을 정하지 않으면 갑자기 생긴 상황에서 자신과 타협하게 된다. 꾸준함은 의지보다 시스템이 만들어 주는 것임을 기억하자. **두 번째는 '일과 중 글쓰기를 우**

선순위에 두기'다. 가끔 느끼지만 집안일은 해도 해도 티 안 나는 일이다. 우선순위에서 밀리지 않게 글쓰기를 먼저 한다. 청소와 설거지, 세탁물을 정리하는 일은 쓰고 나서 한다. **세 번째는 '집중할 수 있는 공간에서 몰입하기'다.** 우리 집 6인용 식탁의 가장 끝 자리는 나만의 공간이다. 그곳에서 필사와 아침 독서를 하며 서평을 쓴다. **네 번째는 '매일 꾸준히 쓰기'다.** 처음부터 분량을 채워야 한다는 욕심을 부리면 금방 지친다. 단 몇 줄을 쓰더라도 꾸준히 쓸 수 있는 시간과 글의 분량을 정하고 천천히 늘려가면 된다. **마지막은 '감성으로 채우기'다.** 책을 읽고 쓰는 일을 일종의 '의식'처럼 만든다. 커피를 내리거나 향긋한 차와 디저트를 준비한다. "지금부터 시작!" 하고 외치는 신호 같다고 해야 할까. 매일 아침 '감성 테이블 독서 사진'을 찍고 기록하지 않았다면 꾸준한 아침 독서는 지금까지 이어지지 않았을지 모른다.

나는 올해 목표의 두 번째인 에세이를 집필 중이다. 글 쓰는 작가로서 다양한 감정을 경험할 수 있어 행복하다. 쓰면서 나에게 묻고 답하기를 반복한다. 내가 어떤 사람인지 알아가고 있음을 알아차리는 느낌이랄까. '내 글이 누구에게 닿아 어떤 크기의 감동과 성장을 선물할까?' 독자에게 도움되는 글을 쓰고 싶다. 생각이 멈추면 글도 멈춘다고 했다. 생각의 흐름을 이어가는 노력에 집중해야 한다.

나는 죽을 때까지 빛나기로 했다

황토 흙 벌거벗은 곳에서 듬성듬성한 잔디가 자라다 어느 순간 초록으로 메꾸듯, 그렇게 아름다운 꽃으로 피어나 열매 맺는 삶을 살고 싶다. 무심히 지나간 순간들이 나에게는 글이 되었다. 일상에서 웃고 울고 했던 일들의 기록이 삶의 빛이 될 수 있도록 담백하게 풀어내고 싶다. 행복은 멀리 있지 않다. 책을 읽고, 글을 쓰고, 대화를 나누는 순간이 행복이다. 좋은 글은 좋은 생각에서 시작된다. 느리게 쓰는 시간 속에서 마주한 작은 습관이 큰 기쁨으로 쌓여 글이 되고 있다.

북토크 사회자로 사는 법

"안녕하세요, 북토크 진행을 맡은 박유하입니다. 반갑습니다."

'이름값'하고 싶은 나의 이름이다. 한자는 버드나무 '유', 연꽃 '하'를 사용한다. 버드나무는 시련에도 꺾이지 않고 비바람과 모진 풍파를 이겨낸다고 한다. 가지에서 귀엽고 감촉이 좋은 버들강아지가 나오는 그 '버드나무' 맞다. 연꽃은 진흙 속에서 피어나는 고상하고 향기로운 꽃이다. 고고한 향기를 지니고 있어 '누구도 쉽게 범접하지 못하는 귀한 사람'을 의미한다.

"네 발음과 목소리가 정말 좋아. 복잡하거나 어려운 분야와 주제를 쉽게 풀어 설명하는 능력을 가진 듯해. 많은 내용을 핵심만 요약해 주니 귀에 쏙쏙 들어오는 거 있지. 너와 얘기하면 어떤 상황도 명확하게 정리되는 느낌이야. 늘 고마워. 네 목소리와 매력에 푹 빠

나는 죽을 때까지 빛나기로 했다

져든다니까."

친구에게 자주 듣는 말이다. 부족한 점을 보완할 시간에 강점을 발전시키는 일에 집중하는 것이 지혜로운 사람의 모습이라 생각한다. 무대 위에서 마이크를 잡는 일은 나에게 숨쉬기만큼 쉽다.

지금은 글쓰기를 좋아하지만 처음부터 그랬던 것은 아니다. 사실 '말하기'가 '글쓰기'보다 편했다. 그래서 '글 쓰는 박유하'는 잠시 내려놓고 '말하는 박유하'로 나아가며 천천히 글을 쓰기로 결심했었다. 작가 한 분은 나에게 "말씀을 잘하시니, 말하듯이 쓰면 될 것 같은데요? 그 글이 모이면 책을 내면 되고요."라고 말했다. 하지만 막상 무언가를 쓰려니 '마음속 어느 깊이까지 글에 담을 수 있을지', '내 생각과 경험에 대해 사람들이 오해하지는 않을지' 두려움이 앞섰다.

머릿속에 맴도는 생각들을 메모하는 일, 책을 읽고 인상적인 문장을 필사하는 것은 나의 오랜 습관이다. 하지만 '쓰는 일'을 망설일 줄은 정말 몰랐다. '언제까지 필사하고 낭독하며 살 것인가.' 생각이 많았다. 신은 나에게 완벽함은 안 주시고 완벽주의만 주셨나 보다. 잘 써야 한다는 강박이 발목을 잡기도 했다. "완벽함은 집착만으로 안 돼. 놓을 줄도 알아야 해. 너를 가로막는 건 네 자신밖에 없어." 영화 〈블랙 스완〉에 나오는 대사다. 그렇다. 벽을 넘어서야 하는 건 내 몫이었다.

나의 첫 북토크는 도서관 글쓰기 수업 과정의 마지막에 있는 출간 기념회였다. 11명 저자가 완성한 에세이는 POD 방식으로 출간되었다. POD 방식은, 주문하면 프린트되어 책으로 만들어져 독자에게 전달되는 출간 방법이다. 공저자 중 한 명이었던 지인으로부터 행사 시작 5일 전에 진행을 부탁받았다. 그 경험이 '북토크 전문 사회자'라는 이름으로 지금의 삶에 자리 잡을 줄은 꿈에도 몰랐다.

책을 주문하니 2주 가까이 걸리는 상황이었다. 지인에게 상황을 얘기하고 PDF 원고 파일을 받았다. 여러 번 읽고 또 읽으며 일면식 없는 저자들의 모습을 글에서 떠올리려고 노력했다. 11인의 작가 소개와 인터뷰 질문 목록을 작성했다. 작가의 삶을 시작한 그들을 멋지게 소개해 주고 싶었다. 정성껏 대본을 쓰고 PPT를 활용해 행사 자료를 만들었다. 북토크 당일, 책을 출간한 작가님들만큼 설레는 마음으로 도서관 다목적실로 향했다. 작가를 소개하고 저자들이 쓴 글에 대해 귀 기울이는 시간이 행복했다. 신선한 설렘, 감동과 즐거움이 함께한 경험이었다.

저자와의 인터뷰 시간에 어떤 작가는 질문 하나에 한동안 말을 잇지 못했고, 나는 답을 기다리는 대신 "제가 한 번 안아드려도 될까요?" 하며 안아드렸다. 기념회가 끝나고 행사를 부탁했던 지인에게 수많은 카톡이 왔다. 작가들이 보낸 칭찬과 감동의 북토크 후기들이었다. 그날 알았다. 나는 책을 소개하고 작가와 인터뷰하며 독

나는 죽을 때까지 빛나기로 했다

자와 소통하는 일을 위해 태어난 사람이라는 사실을. 작가들과 함께 하는 시간이 정말 행복했다. 가장 좋아하는 일로 직업을 갖는 행운을 만났다.

'북토크 콘서트'라는 단어가 낯설게 느껴질 수 있다. 몇 군데 도서관 홈페이지를 들어가 찾아보았더니, 그동안은 '작가와의 만남'이라는 제목으로 진행되어 왔음을 알았다. 작가 강연을 시작으로 독자들과 현장 질문에 응답하는 형식이다. 책에 저자 사인을 받고 기념 촬영을 하며 마무리하는 순서로 진행되었다. 뉴스나 음악회를 진행하는 아나운서는 많이 보았지만 북토크 콘서트를 진행하는 사회자는 드물었다. '북토크 콘서트'라는 단어가 익숙해지기도 전에 나는 그 일이 매력적으로 느껴졌다.

"그래, 하나부터 열까지 내가 만들자. 이제부터 북토크 전문 사회자의 삶을 사는 거야!"

가보지 않은 길을 개척한다는 것, 새로운 도전에 망설임 없이 나아가는 일은 결코 쉽지 않다. 하지만 나는 근거 없는 자신감으로 채워진 사람이다. 하고 싶은 일이 생기면 일단 발부터 담근다. 준비를 마치고 시작하는 것이 아닌 시작하면서 준비하면 된다. 경험은 돈으로 살 수 없고 만들 수도 없다는 생각을 가진 나는 '경험부자'다.

"저, 북토크 진행 엄청 잘해요."라고 말하거나 SNS에 글 몇 개

올린다 한들 '어찌 나의 재능과 실력을 알까.' 싶었다. 한두 번의 진행으로 '북토크 사회자'라는 이름을 당당히 말할 수는 없는 노릇 아닌가. 앞으로 1년 동안, 북토크 진행자로서 재능을 기부하기로 결심했다. 남편에게 계획을 공유하며 "1년짜리 실습 과정이라고 해두죠. 북토크 현장에서 제 존재를 사람들에게 알리는 게 중요해요. 지금보다 더 빛나는 제가 될 테니 지켜봐 줄래요?"

TV에 나오는 뉴스 진행자나 행사 사회자의 시선은 카메라를 향하고 있다. 카메라에 있는 '프롬프터'를 보고 읽어야 하기 때문이다. 북토크 진행은 대본을 따라 읽지 않는다. 북토크 진행자로서 만든 세 가지 기준이 있다. 첫 번째는, 기획 단계부터 마무리 단계까지 큰 흐름을 '총괄자의 시선으로 준비'하는 것이다. 온라인 포스터와 릴스 제작, 배너 디자인에 참여한다. 두 번째는 '행사 순서를 짜고 대본을 쓰는 일'과 '행사 진행에 사용할 큐카드 제작'이다. 북토크 진행자로서 가장 중요한 것은 세 번째다. 저자의 '책을 5회 이상 탐독하고 인터뷰 발제문을 준비하는 일'이다.

대부분의 행사 참석자는 저자의 책을 완독하고 북토크에 참여한다. 저자는 20분의 강연 시간에 출간 배경과 숨은 이야기를 독자에게 전한다. 행사의 꽃은 '저자와의 인터뷰'다. 인터뷰 발제 전 강연 자료를 먼저 보내달라고 부탁한다. 자료 내용을 점검해서 중복되는 질문의 발제를 피해야 하기 때문이다. 행사 일주일 전에 발제를 끝낸다. 저자에게 '잘못 이해하고 작성한 질문이 있는지', '제외했으면 하는 질문이 있는지', '포함했으면 하는 질문이 있는지'를 묻고 반영한다. 시간 배분에 맞춰 질문을 10개~12개로 준비하고 현장 질문은 참석자들로부터 3~4개를 받는다. 참석인원에 따라 변동은 있지만 마무리 인사와 저자 사인회, 기념 촬영까지 전체 진행은 1시간 30분을 넘기지 않는다.

두 달 전 신경과 의사가 본업인 작가의 첫 출간 기념회를 맡아 진행했다. 오래전 두통이 심한 나의 고통을 해결해 준 고마운 분이었기에 재능기부로 진행하겠다고 말씀드렸다. 하지만 저자는 끝내 고마움을 전하고 싶어 했다. 행사가 끝난 뒤 고운 손 글씨의 감사 인사가 쓰인 50만 원이 담긴 봉투를 건네주었다. 저자에게 받은 정성은 그동안 북토크 진행자로 활동해 온 나에게 큰 성취와 기쁨이 되었다. 카톡 메시지로 후기가 도착했다.

"많은 사람들과 일해봤지만 이 정도로 열정을 쏟는 분은 처음입니다. 도움 주신 것에 비하면 약소합니다. 덕분에 의미 있는 시간이 되었습니다. 감사합니다."

북토크 진행 3년 차. 책이 중심이 되는 행사여서일까. 무대 위의 나는 언제나 편안하다. 다채로운 역할을 발견하는 일도 큰 기쁨이다. '책에 담지 못한 작가의 숨은 진심을 알아보고 독자에게 전하는 일', '참석자들과 소통을 이끌며 서로의 마음이 오갈 수 있도록 돕는 일', '함께 성장을 계획하는 즐거움', '새로운 도전과 변화된 사고, 지혜를 경험하게 하는 일' 모두 북토크 진행자의 역할이다.

"시간 귀한 사람이 왜 재능을 낭비하느냐?"
재능기부로 북토크를 진행하는 내게 사람들이 묻는다.

"잘 사는 인생은 타인을 돕는 삶이라고 생각하거든요."

가진 재능을 통해 다른이들의 삶에 선한 영향을 줄 수 있다면, 그들의 삶이 지금보다 더 빛날 수 있게 도울 수 있다면 기꺼이 그렇게 살아갈 것이다.

나는 죽을 때까지 빛나기로 했다

똑똑한 엄마의 경제 수업

"얘들아, 엄마가 젊었을 때는 인생에서 돈이 가장 중요한 줄 알았는데…."

"그런데요? 그것보다 중요한 게 있다는 말씀인 거죠?"

"아니, 나이 들어 보니까 그게 사실이야."

"저는 우리 가족 행복하고 건강한 거랑 항상 웃으며 사는 거, 함께 밥 먹는 시간이 제일 소중한데요?"

"네가 말한 것들이 엄마도 가장 소중해. 엄마는, 우리 삶에서 소중한 많은 것을 지키기 위한 수단으로서 돈이 중요하다는 말을 하고 싶었어."

어렸을 적 아빠의 교통사고로 경제적인 어려움을 겪었다. 낯설고 가난한 동네로 이사하고 생활하며 돈이 없어 힘들고 마음 아팠던 기억이 많다. 친구 생일파티 초대를 받아도 선물 살 돈이 없어

애먼 핑계를 대며 가지 않았다. 건설 현장의 전기공사 하청을 맡았던 아빠는 허울만 좋은 '사장님'이었다. 수십 명의 직원들 급여를 챙기느라 늘 당신 가족은 부족했는데, 아빠는 현실감 없이 큰소리만 쳤다. 하지만 아빠는 "사람은 책을 읽어야 한다."며 내 방 책장을 책으로 가득 채워주셨다. 우리 형편에 왜 자꾸 책을 주문하냐며 아빠와 엄마가 가끔 다투셨던 기억이 있다. '돈부자'는 아니어도 '생각 부자', '마음 부자'로 성장할 수 있는 지금의 내가 있기까지 독서 환경을 선물해 주신 아빠에게 늘 감사하다.

대학을 졸업하고 직장생활을 하며 나는 고민이 많았다. 어떻게 준비해야 편안한 미래를 살 수 있을지 방법을 찾고 싶었다. 부모님이 경제적으로 어려웠던 이유에 대해 생각해 보았다. 먼저, 인생의 목표가 없었다. 그저 사남매를 먹이고 학교 보내고 키우고 입히면 되는 일에 만족하셨던 것 같다. 당신들의 노후와 아이들의 미래를 계획하고 준비할 만큼의 여유가 부족했다. 그런 상황에서 계획을 세울 수 없고, '노후 준비', '경제 공부', '노력', '기회'라는 단어를 떠올리는 일은 엄두도 못 냈을 것이다.

아빠는 돈에 대한 잘못된 믿음을 가지고 있었다. "맡은 일을 열심히 하고 묵묵히 일해서 먹고 살 돈이면 된다."고 하셨다. 중학생이었을 때 가난한 동네를 벗어나 나은 환경에서 살자고 부모님께 부탁했었다. 아빠는 나를 불만투성이의 허영심 가득한 사춘기 둘째

　　　　　나는 죽을 때까지 빛나기로 했다

딸로 치부하셨다. 더 힘든 사람들의 존재를 떠올리고 가진 것에 감사하고 만족해야 한다고 하셨다. "아빠도 부자가 되기 위해 노력하면 안 되느냐."라는 부탁에 "땀 흘려 버는 돈이 진정한 노동의 대가"라며 "오르지 못할 나무는 쳐다보지 말라."고 말씀하셨다. 주식이나 투자는 도박과 같아서 집안 망하는 길이라고도 했다. 옆에서 얘기를 듣던 언니가 얄밉게 거들었다. "성공은 아무나 하는 것이 아니잖아. 우리 가족은 어쩔 수 없어. 송충이는 솔잎을 먹고 살아야 해." 나는 우리 집에서 언제나 허황된 꿈을 꾸는 사람이었다.

큰 아이와 둘째 아이는 여덟 살 터울이다. 둘째가 커갈수록 나의 고민은 남편의 퇴직과 맞물리게 될 둘째 아이 나이였다. 남편 회사의 복지혜택 중 '자녀 학자금 전액 지원'이 있다. 둘째가 대학 갈 나이면 남편은 정년퇴직을 준비해야 하는 시기다. '붕어빵 사업'이라도 하겠다고 남편은 말했지만, 그는 조선 시대 선비 같은 성격을 가진 사람이다. 말은 그렇게 하면서 나에게 의지하고 싶은 남편의 마음을 잘 안다.

남편은 골프를 좋아한다. 이곳저곳을 다니며 골프를 즐기는 은퇴 이후의 삶을 상상하며 행복해 하고 있을 것이다. 아빠에게 유전받은 탓일까. 나도 큰소리치는 일에 일등이다. "저만 믿어요. 골프공을 평생 집고 살 수 있도록 멋진 노후를 준비할 테니." 덧붙여 "여차

해서 노후 준비가 부족하면 골프공을 평생 주울 수도 있고요." 하고
말하며 함께 웃었다. 진심 섞인 농담일까. 가슴 한쪽이 저려온다.

큰 아이가 중학교에 입학했을 때 나는 특별한 선물을 주고 싶었
다. 아이 명의로 해외주식 계좌를 개설하고 2천만 원을 증여했다.
미성년 아이에게는 세금 없이 2천만 원 증여가 가능한데, 납부할 세
금이 없어도 꼭 관할 세무서에 신고해야 한다. 학원 수업이 없는 날
아이와 함께 증권사를 방문했다. 가족관계 서류와 아이 도장을 지
참하고 부모 중 한 명이 대리 개설이 가능하다. 하지만 아이가 증권
사를 둘러보고 계좌 개설 신청서에 직접 이름을 적게 했다. 미국 주
식을 매수하기 전 아이가 공부하고 매수할 종목을 정할 수 있도록
구글과 테슬라, 애플과 관련된 책을 한 권씩 사주었다.

둘째 아이의 해외주식 계좌도 미리 개설해 두었다. 명절 용돈을
받을 때마다 CMA 계좌에 모아 두었다가 잔고가 쌓이면 주식 계좌
로 이체하고 개별 종목을 조금씩 매수하고 있다. 아이는 미국의 '빅
데이터 공룡'이라고 불리는 기업인 '팔란티어'와 전기차 시장을 주
도하고 있는 '테슬라'의 주주다. 둘째는 용돈을 받을 때마다 추가 매
수를 부탁하며 보유 종목의 평가 금액을 확인해달라고 한다. 가끔
아이로부터 '자신의 용돈을 엄마가 생활비로 쓴 것은 아닌지' 하는
귀여운 의심을 받는다.

나는 대학에서 경제학을 전공했다. 학교 공부는 그저 공부일 뿐

나는 죽을 때까지 빛나기로 했다

배운 것을 삶에 적용할 수 있다고 생각하지 않았다. 하지만 직장생활을 시작하며 급여를 받고 국내 주식 투자를 접하면서 경제와 돈에 대한 시선은 180도 바뀌었다. 주말마다 서점에 들러 책을 읽고 공부했다. 투자 성과는 최초 투자금의 다섯 배까지 증가했다. '투자를 지속하자. 부모가 되면 아이들을 풍요로운 환경에서 살게 해 줘야지.' 다짐하는 계기가 되었다. 막연했던 삶에 안개가 걷히는 것 같았다. 투자에 성공하면 계획대로 이룰 수 있으리라는 희망을 보았다.

"여보세요, 박유하 선생님이시죠?"

"저는 둔포 도서관 프로그램 담당자예요. 어울림 도서관 팀장님으로부터 소개받아 연락드립니다. 우리 도서관이 경제 특화 도서관인데 경제 강의가 가능한지 여쭈려고 전화했습니다."

작년 겨울, 관악 오케스트라 공연이 인근 도서관에서 있었다. 클래식 콘서트 진행을 맡은 나는 한 시간 일찍 도착해 마이크와 무대 동선을 체크하고 있었다. 총괄 담당자인 도서관 팀장님과 잠시 나눈 대화가 경제 강사로 활동하게 된 계기가 되었다. 공연 포스터에 적힌 프로필을 본 팀장님은 내게 첼로 전공자인지 물으셨다. 첼로는 취미로 배워 활동하는 것이고 대학에서는 경제학을 전공했다고 답했다. "물이 들어와서 노를 젓는 게 아니라 항상 노를 젓고 있었

는데 물이 들어왔을 뿐."이라는 누군가의 말이 생각났다. '지금이구나!'

　그동안 두 아이의 경제 교육 선생님으로서 실천 해온 것들을 이제는 많은 이들과 나눌 기회가 왔다. 일주일에 두 권은 경제 분야 책을 꾸준히 읽고 투자 공부를 해오고 있다. 자본주의 사회에 살면서 '그저 열심히 공부하고 좋은 기업에 취직해서 꾸준히 저축하면 부자가 되는 줄 아는 사람은 실패자'라고 생각한다. 돈과 경제를 모르면서 삶의 소중한 것들을 지키겠다는 건, 무기 없이 전쟁터에 나가 승리하겠다는 말과 같다.

　시간당 5만 원의 강사료에 불과했지만 가진 재능과 능력으로 사람들을 도울 수 있게 되었다. '돈과 경제 공부'로 말이다. 강의 주제와 수업 계획을 어떻게 짜야 할지, 경제 강의를 드러낼 수 있는 브랜드는 무엇으로 정할지 고민했다. 친한 작가님과 함께 아이디어를 떠올리고 고민하며 탄생한 나의 경제 강의 브랜드는 〈돈 Touch Me〉이다. 공부하며 돈을 향해 가는 주인공은 나인데, '성공 투자의 결과로 돈이 나에게 다가온다(터치한다).'라는 의미를 담았다.

　강의 계획서를 도서관 담당자에게 보냈다. 수업 아이디어가 마구 떠올랐다. 사라질까 싶어 휴대전화에 신속히 메모해 두었다. 강의 자료를 만들기 위한 도서를 책장에서 꺼내 구분했다. 참고할 책을 찾아보니 열한 권 정도 되었다. 두 곳의 도서관을 다니며 필요한

　　　　　　　　나는 죽을 때까지 빛나기로 했다

책을 빌렸다. 서점 세 곳을 돌아보며 신간 코너를 뒤졌다. 바뀐 정책과 제도가 있는지 체크하고 네 권을 구입했다. 일주일 동안 30권의 책을 읽고 4차시에 해당하는 강의 계획서를 작성했다. 캔바를 이용해 홍보 포스터를 직접 만들어 담당자에게 보냈다. 수업 계획서와 포스터를 보내고 나니 뿌듯함과 설렘이 차올랐다. 그날 이후부터 머릿속엔 온통 경제 강의 생각뿐이었다. '돈의 역사부터 알려줘야 해. 자본주의의 상징인 금본위제와 브레턴우즈 체제를 가르쳐야지. 닉슨 쇼크로 인해 지금의 화폐가 갖는 영향력과 인플레이션에 대한 개념도 중요해. 쉽고 정확히 전달하려면 적절한 영상도 강의 자료에 넣어야지.'

돈은 목적이 아니라 삶의 수단이다. 나 자신, 내 사람, 내 자존심을 지킬 수 있는 도구다. 돈이 전부가 아니라고 하는 사람은 사실 돈을 전부라고 생각하는 사람이다. 영어를 잘하고 싶으면 영어를 공부하고 수학을 잘하고 싶으면 수학은 공부하면서 왜 사람들은 돈 공부는 하지 않는 것일까. 그동안 우리 아이들과 함께하며 삶에 적용하고자 했던 경제교육, 자본주의 사회에 사는 우리에게 꼭 필요한 강의를 많은 사람들 앞에서 할 수 있어 행복하다.

프랑스 속담에 "우리는 모르는 것을 희망할 수 없다."는 말이 있다. 돈에 대해 모르면서 '부'를 꿈꿀 수는 없다. 경제적 자유에서 한

참 멀어질 수밖에 없다. 깨진 항아리도 연못에 가라앉아 있으면 물이 항상 채워져 있다. 배우고 실천하는 삶 속에 앉아 있어야 한다. '부를 향해 가는 연못 속'에 오래 머물 수 있게, 더욱 특별하고 의미있는 삶을 만들 수 있도록 돕는 경제 강사로 함께 할 것이다.

"박유하의 〈돈 Touch Me〉 경제 특강에 오신 것을 환영합니다."

나는 죽을 때까지 빛나기로 했다

현악 앙상블 단장이 된 이유

16년 전 유럽 대부분 도시의 음악회 티켓 가격은 우리나라 영화 티켓 값 정도였다. 그 곳에 사는 동안 큰 행운을 만났다. 한 달 여정의 '유럽 뮤직 페스티벌'이 슬로바키아의 수도인 브라티슬라바에서 열린 일이었다. 빈 필하모닉, 베를린 필하모닉, 뉴욕 필하모닉 오케스트라. '세계 3대 교향악단'의 연주회에 참석하며 황홀한 시간을 보냈다. 음악을 진정으로 사랑하게 만든 계기가 되었다. 페스티벌이 끝난 이후로도 한동안 예술가의 감성에 젖어 들뜬 마음으로 살았다. 어느 날은 바이올린 연주 흉내를, 어떤 날은 첼로 연주 흉내를 냈다. 온갖 곡을 메들리로 부르며 집안 곳곳을 나비처럼 가벼운 걸음으로 돌아다녔다. 그 설렘을 오래도록 간직하고 싶었다. 한국에 돌아가면 꼭 악기를 배우리라 다짐했고, 첼로를 마음에 두었다.

"여보세요? 안녕하세요! 음악 학원이죠? 첼로 레슨 문의드리려고요."

"네, 학원 맞아요. 편하게 말씀하세요."

"저기……, 제가 악기를 배운 적도 없고, 말씀드리기에 부끄럽지만 악보를 못 읽어요."

"괜찮아요. 독보를 못 해도 배울 수 있어요. 학원에 한 번 오실래요?"

내비게이션의 안내를 받아 '비엔나 음악 학원'에 도착했다. 7년간 오스트리아 비엔나에서 유학하고 오신 선생님이 지도하는 곳이다. 그렇게 첼로와의 인연은 시작되었다.

"첼로는 4줄로 구성되어 있고요. '라', '레', '솔', '도'에요."

첫 수업은 활의 무게와 중심을 느끼는 '활 잡기'였다. 선생님은 '활 잡는 일'이 가장 중요하다며 손등에 작은 초콜릿을 올려 두셨다. 손등 위 초콜릿을 떨어뜨리면 안 된다는 생각, 활을 제대로 잡는 법을 배워야 아름다운 첼로 음색을 표현할 수 있을 것 같은 생각이 들었다. 긴장한 손은 바들바들 떨렸지만 마음은 설렘으로 가득했다. 학원에는 아마추어 첼로 앙상블이 수년째 활동하고 있었다. '작은 별', '나비야', '비행기'를 더듬더듬 연주하는 나에게 비발디와 모차

나는 죽을 때까지 빛나기로 했다

르트를 연주하는 앙상블 단원들의 모습은 '별보다 빛나는 우상'이
었다.

"선생님, 저도 앙상블 단원이 되어 함께 연주하고 싶어요."

"당연히 하실 수 있어요. 하지만 스즈키 4권을 모두 배우고 나서
가능하답니다. 취미로 하는 성인들은 1년에 스즈키 한 권 진도로 배
우고 있어요."

성인들은 보통 일주일에 한 번 레슨을 받는다. 수업료가 만만치
않고 취미로 배우는 것이기에 시간을 많이 할애하지 않는다. '앙상
블 단원이 되려면 1년에 스즈키 1권씩 4년이 걸린다는 얘기구나.
평균적으로 그렇다는 거니까, 뭐. 평균의 함정에 빠지지 말자.' 4년
은 너무 길게 느껴졌다. 배우다 지쳐 '앙상블 단원이고 뭐고 모르겠
다.'며 번아웃이 올지도 모를 일이다. 단원이 되어 연주하는 꿈을 여
러 번 꾸었다. 상상 속의 나는 눈부신 조명으로 반짝거리는 무대 위
첼리스트다. 흘러내리듯 어깨를 드러낸 검은색 실크 드레스를 입고
있다. 지그시 감은 눈으로 행복한 미소를 머금은 채 바흐의 무반주
곡을 연주한다.

'안 되겠다. 목표는 내가 정해야겠다.' 운동과 악기는 고독한 연
습의 반복이 아니던가. 1년 안에 스즈키 4권을 모두 익히고 앙상블
단원에 합류하는 계획을 세웠다. '퍼스트'나 '세컨 파트'는 언감생심,

'써드 파트'라도 괜찮다. 중요한 것은 앙상블에 함께 한다는 사실이고, 아름다운 하모니를 만드는 단원 중 한 명이 되는 것이니까. "일주일에 두 번씩 개인 레슨을 받겠다."고 선생님께 말씀드렸다. 레슨이 끝나고 다음 수업 전까지 하루도 빠짐없이 매일 4시간씩 연습에 들어갔다.

현악기는 피아노와 다르게 계이름의 자리가 보이지 않는다. 지판에 있는 보이지 않는 멜로디의 위치를 감각으로 익혀 정확한 음정을 내야 한다. 악보를 못 읽는 나는 지판의 위치를 외워 집중할수밖에 없었다. 하지만 늘 그래왔듯 '결국 해내는 사람'인 나를 믿었다. 스즈키 1권을 시작하며 '비행기'를 삼백 번쯤 연습했을 때, 가족들을 거실로 모아 음악회를 열었다. 이름하여 '향상 음악회'였다. 남편은 서양 악기에서 '아쟁 소리'가 난다며 신기해했다.

바이올린보다 현이 굵은 첼로는 손끝이 아플 정도로 꼭 눌러야 소리가 제대로 난다. 손가락 힘이 부족하고 활을 쥔 오른손이 춤을 추니 쳇소리 비슷하게 나는 것이다. 연습 앞에 포기는 없다. 피아니스트 임윤찬은 곡의 두 마디를 완벽하게 연주하기 위해 칠천 번 연습했다고 한다. 나도 연습하면 될 수밖에 없을 거라는 확신을 품었다. '지금은 비행기를 연주하지만, 시간이 흐르면 비발디를 연주하고 있을 거야.'

첼로 시작 6개월 차에 모차르트 콩쿠르에 도전장을 냈다. 아마

　　　　　　　　나는 죽을 때까지 빛나기로 했다

추어 성인 참가자들은 무대에서 악보를 보며 연주할 수 있다. 악보가 있어도 어차피 못 보기에 참가곡을 외워 보면대 없이 무대에 올랐다. '오늘만큼은 내가 첼리스트'라며 남편과 둘째 아이를 초대했다. 그리고 남편에게 부탁했다. 무대 위 조명 앞에 드리워진 콩쿠르 플래카드가 나의 연주 사진에 나오게 찍어서는 안 된다고. 그때 찍은 사진을 보면 첼리스트의 리사이틀 현장이다. 아마추어 성인 3위의 결과를 받아들고 기쁨과 설렘을 감추지 못한 나는 상장과 메달 사진을 카톡 프로필에 올리며 호들갑을 떨었다. 아마추어 성인 첼로 콩쿠르 참가자가 모두 3명이었다는 사실과, 심사위원 중 한 분이 우리 첼로 선생님이었다는 사실을 알기 전까지.

"선생님, 이제 스즈키 4권을 마치고 5권으로 넘어가요. 앙상블 단원이 될 수 있는 거죠?"
"죄송해요. 인원이 11명으로 추가 단원 영입이 힘든 상태가 되었어요. 대신 실력이 비슷한 성인 바이올린 수강생들과 함께 현악 앙상블을 만들까 해요."

첼로 앙상블 단원이 되지 못한다는 슬픔과 좌절은 단 1초 만에 멈췄다. 기다림과 노력은 정녕 설렘으로 다가오는 것인가. 부끄러움을 뒤로하고 악보를 읽지 못함을 당당히 고백하며 첼로를 시작했다. 아쟁 소리가 난다던 남편의 얘기는 귓등으로 흘려버리고 매일 꾸준히 연습했다.

'브리이에 앙상블'은 그렇게 탄생했다. '브리이에'는 프랑스어로 '빛나다', '반짝거리다'의 의미다. 4명의 바이올린 단원, 3명의 첼로, 그리고 음악 감독 선생님과 매주 수요일 오전이면 함께 아름다운 선율을 만든다. 단원들은 만장일치로 나에게 '단장'이 되어 앙상블을 이끌어 달라고 부탁했다. 첼로 앙상블의 막내 단원이 되어 짧은 악보를 보며 눈치껏 연주하기만 해도 행복한 일이라고 생각했었다. '단장의 역할까지 하게 되다니!' 세상을 다 가진 느낌이었다.

나는 작년에 이어 올 해 정기연주회에서도 연주와 진행을 함께 계획했다. 음악 감독 선생님은 재능기부에 늘 미안한 마음을 갖고 계시지만, 무대를 특별하게 만드는 데 도움 될 수 있어 행복한 나는 "그저 기쁨이 된다."라고 말씀드렸다. '연주회의 오프닝을 어떤 멘트로 할까?', '어떤 고운 말로 '브리이에'를 소개할까?' 진행 대본을 썼다 지웠다 했다. 따뜻하고 우아한 멘트로 관객들의 마음을 빠져들게 할 프로그램 소개 글도 준비했다.

"제2회 브리이에 앙상블 정기 연주회에 오신 것을 환영합니다. 브리이에 앙상블은 음악을 사랑하는 바이올린과 첼로 연주자로 구성된 아마추어 현악 앙상블입니다. 단원들과 함께 쌓아온 음악의 여정에 함께 해 주서서 진심으로 감사드립니다."

"윌리엄 세익스피어는 '가을은 눈으로 보는 곡조'라고 했습니다. 가을의 정취와 풍경이 마치 음악처럼 느껴진다는 의미인데요, 아름다운 계절을 보내는 우리 모두에게 감성과 따뜻함을 전해줄 것입니다. 오늘 브리이에 앙상블과 함께 설레는 시간 되시기 바랍니다."

2025년 11월 2일은 브리이에 앙상블의 두 번째 정기 연주회 날이었다. 공연 장소 입구에 밝게 빛나는 베이지 색상의 포스터가 붙어있다. 짙은 가을의 단풍잎 색으로 인쇄된 프로그램 안내장의 순서에 '비발디 투 첼로 콘체르토'곡이 있다. 꿈에 그리던 첼로 듀엣 연주는 단장인 나와 첼로 단원 한 명이 함께 했다. '투 첼로 콘체르토'는 두 대의 첼로가 대화하듯 흐름을 주고 받는 느낌으로 연주하는 곡이다. '다소 거친 대화'가 오갔지만 3년차 아마추어 첼로 연주자들의 도전 자체가 훌륭하다. 실수가 많았지만 관객들의 큰 박수와 응원에 감동하는 시간이었다. 첼로와의 인연, 그리고 '첼로를 연주한다는 것'에 대해 생각해 보았다. 그것은 악기를 익혀 음악을 완성한다는 단순한 의미가 아니다. 일상에서 얻기 힘든 감동과 정서를 배우고 삶의 품격과 우아한 태도를 만드는 일이다.

탁월함을 만들어 내는 일상의 습관

"안녕하세요. 비체님 남편 되시죠?"

"안녕, 네가 비체님 둘째 아들 준이구나. 반갑다!"

북토크 콘서트 진행자로 활동한 지 3년 차다. 행사 장소에는 어김없이 우리 가족 모두가 동행한다. 얼굴을 자주 보는 작가들과 참석자들은 남편과 아이의 얼굴, 이름까지 기억하며 먼저 인사를 건넨다. '무급 스태프'로 일하는 남편은 익숙한 듯 관중석 앞 중앙에 카메라 거치대를 설치하고 촬영을 준비한다. 우리 셋은 승용차로 이동하고 큰 아이는 지하철을 이용한다. 큰 아이 손에는 엄마에게 줄 작은 꽃 한 다발이 들려 있다. 북토크 주인공인 작가의 꽃은 항상 준비되어 있지만, 사회자를 위한 꽃다발은 없기에 아이의 마음이 특별하고 고맙다.

둘째 아이는 나와 몇 달 차이로 첼로를 배우기 시작했다. 하루에

나는 죽을 때까지 빛나기로 했다

몇 시간씩 집안을 원인 모를 소리로 채웠음에도 첼로를 연습하는 엄마 모습이 너무 멋있다고 했다. 스즈키 1권에 있는 단 네 마디의 '작은 별'을 연주했을 때도 우리 엄마는 최고의 첼리스트라며 엄지 척을 들어 보였던 애교 많은 아이다. 둘째 아이는 나를 참 많이 닮았다. 사회성은 염려하지 않아도 될 만큼 눈치도 빠르다. 좋고 싫음을 유연하게 표현할 줄 아는, 자기 이해가 빠른 녀석이다.

매년 가정의 달 5월에는 음악 학원 주최로 가족음악회가 열린다. 말 그대로 '가족이 함께 연주하는 무대'를 말한다. '첼로 하는 엄마와 아들'이라는 타이틀을 여러 번 사용해서, 다음 음악회 때는 참가팀 이름을 바꾸고 싶었다. 남편에게 캐스터네츠나 트라이앵글이라도 연주해서 함께 무대에 오르면 안 되냐고 말했다. 남편은 "내 눈에 흙이 들어갈 때까지 안 된다."도 아니고 "그러면 행사에 와서 사진 안 찍어주겠다."는 협박을 했다. 묘하게 수긍이 갔다. 필사와 낭독부터 아침 독서까지, 사진으로 남기는 즐거움이 내 삶의 과반수를 차지한다는 사실을 어찌 알았을까. 결혼 24년차 답다.

가끔 방송에서 출연자들이 '왓츠 인 마이 백'이라는 프로그램에서 자신이 가지고 다니는 가방 속 물건을 공개하기도 한다. 가방 속 물건이 주인의 정체성을 말해주는 것 같다. 나의 가방에 언제나 있는 물건은 무엇일까. 빠지지 않는 물건 중 하나는 휴대전화 거치대다. 립스틱도 들어있고, 지갑과 차 키도 있지만 가방을 바꿔 들어도 늘 챙기는 물건이다. 독서 모임, 영화 모임이 끝났을 때, 현악 앙상블의 연주 영상 녹화가 필요할 때, 둘째 아이 연주회 사진과 영상을 담을 때 요긴하다. 집에 손님이 왔을 때도 모두의 얼굴을 담은 사진을 간직하고 싶을 때 거치대를 사용한다. 사진은 추억하기 위한 기록이지만, 경험을 담아두는 보물 상자이기도 하다.

블로그에서 알게 된 작가 E는 하루도 빠짐없이 운동한다. 카페인 음료는 줄이고, 하루 한 끼 저속 노화식을 꾸준히 실천하고 있다. 저속 노화식의 유익함을 전파하고 싶었던 그는 인스타그램에 '저속 노화식 챌린지 모집 글'을 올렸다. 나는 신청부터 했다. 무엇이든 '그냥' 하고 '일단' 한다. 중간에 멈추면 '도전 정신을 통해 경험을 가진 사람'이 되고, 끝까지 해냈을 때는 '인내심을 가지고 성실히 마무리한 멋진 사람'이 되는 것이니 어떤 선택도 유익하다. 챌린지 내용은 '건강을 부르는 저속 노화 레시피로 차린 식단 사진을 하루 한 번 카톡 모임방에 올리는 일'이었다.

무엇이든 66일을 실천하면 습관이 된다고 한다. 금식도 아니고 절식도 아닌 하루 한 끼 몸을 건강하게 만들고 노화를 더디게 만드는 식사인데 안 할 이유 찾기가 더 힘들다. '3개월 동안 실천하면 하루 한 끼 저속노화 식사는 습관으로 자리 잡겠지.', '단 한 끼를 먹더라도 고급 레스토랑 못지않은 식사를 준비할 거야.'

나는 죽을 때까지 빛나기로 했다

신선한 샐러드 채소의 물기를 제거한 뒤 접시에 담았다. 잘 익은 아보카도와 방울토마토를 준비했다. 유기농 올리브유를 두르고 화이트 발사믹 식초를 곁들인 다음 약간의 소금과 후추를 뿌리면 완성이다. 주황색 당근과 초록색 오이를 손가락 길이로 잘라 투명한 유리컵에 꽂아 테이블에 올렸다. 두부에 올리브유와 아몬드 몇 줌을 넣고 갈아 '두부 드레싱'을 만들었다. 채소 스틱을 찍어 먹으니 저세상 달콤함과 고소함이 입안에 가득 찼다. 순식간에 느껴지는 포만감은 덤이다. 두부를 깍두기 모양으로 썰어 올리브유를 두른 팬에 구워 종이타월에 올려 기름을 제거한다. 새싹 채소를 풍성하게 담은 접시에 구운 두부를 동그랗게 배치하고, 올리브유와 발사믹 크림을 스케치하듯 뿌린다.

'나 지금 건강해지고 있어요' 3개월 동안 나의 몸은 그렇게 말하고 있었다. 저속노화 식단의 메뉴를 정하고 요리하는 시간은 또 다른 행복의 이름이다. 식사 준비를 효율적으로 할 수 있어 좋았다. 몸에게는 건강을, 눈과 입은 즐거운 식사다. 준비도 간단하지만 설거지할 그릇도 몇 개 되지 않아 물도 절약할 수 있다. 요리법에 약간의 변화를 주기만 했는데도 온몸이 가벼워진 느낌이 들었다. 하루한 끼 저속노화 식사법을 통해 알았다. 그동안 즐겨 먹었던 대부분은 고속노화 식단이었음을. 평범한 식탁이, 그리고 일상이 특별해지는 마법을 경험했다. 지금도 하루 한 끼는 저속노화 식단을 실천하고 있다. "고속노화식아, 그동안 고마웠다. 아주 가끔 만나자!"

'더 비체'는 블로그 닉네임이다. 블로그 이웃과 작가들, 독서 모임 멤버들은 나를 '비체님'이라고 부른다. 모든 이들의 삶은 저마다의 빛으로 채워져 있다. 그들이 가진 고유한 '빛에' '빛을 보태고 싶은 소망'을 가득 담은 이름이다. 인스타그램에 필사와 낭독, 감성 테이블 독서 사진을 올리던 어느 날이었다. 메시지 하나가 도착했다. 지금 글을 쓰며 그때 읽었던 편지의 첫 문장을 떠올리니, 그 설렘이 다시 느껴진다.

"비체님을 지켜봤어요." 문체가 고우면서도 용기가 묻어 있었다. 자신은 평소에 책을 좋아하는 사람들과 독서 모임을 만드는 일이 소원이라고 했다. 매일 올라오는 나의 독서 사진과 서평을 읽으며 연락할 용기를 냈다고 한다. 산부인과 의사로 살아오며 겪었던 많은 경험, 맺었던 인간관계에서 회의감이 들어 생각이 많은 요즘이라고. 앞으로의 삶에서 "비체님 같은 분과 독서하고 소통하며 살아가고 싶다."고 했다. 자신의 삶에 함께 해달라고 했다. 토요일 저녁만 모임이 가능하지만 꼭 부탁한다고 해서 처음에는 망설였다. 주말 저녁은 우리 가족이 함께할 수 있는 유일한 시간이고, 특별한 약속이 없더라도 가족이 함께해야 한다고 생각했기 때문이다. 하지만 그녀의 간절한 부탁에 나는 힘이 되어주고 싶었다.

나는 죽을 때까지 빛나기로 했다

그렇게 독서 모임 〈서우〉와의 인연은 시작되었다. 〈서우〉는 한자로 책을 뜻하는 '서'와 비를 뜻하는 '우'를 붙여 만든 이름이다. '가랑비에 옷 젖는 줄 모르게 책이 우리 삶에 스며들어 언제나 함께 했으면' 하는 바람을 담고 있다. 가뭄 끝에 내리는 단비처럼 서로의 갈증을 해소하고 목마름을 채워주는 모임을 지향한다. 일상의 특별함 중 하나가 된 〈서우〉는 이름처럼 삶에 단비가 되어 한 달에 한 번 만나고 있다.

"나는 어떤 사람인가?"
"나는 어떤 일상을 살고 싶은가?"
"나에게 가장 소중한 것은 무엇인가?"
"나는 내가 원하는 모습으로 살고 있는가?"

매일 아침 나에게 하는 질문은 살아있다는 감각을 일깨워준다. 우리는 '지금, 여기'가 의미를 가질 때만 존재할 수 있다. 원하는 것이 '지금, 여기'에 있는지 돌아보고 소중한 것을 잊고 지내는 것은 아닌지 감각을 기울인다. 지금이 행복하고 일상이 특별한 순간으로 느껴진다면, 그것을 가져다 놓은 주체가 타인이 아닌 나 자신인지도 묻는다. 행복은 멀리 있지 않다. 기다림이 필요한 일이 아니다. 탁월한 일상을 위한 작은 노력은 단단한 자존감과 근사한 태도를 만드는 일이기도 하다.

　삶이란 과거에 있지 않고 희망하는 미래는 아직 다가오지 않았다. 자신의 경험으로 채워 충만함을 만끽할 수 있는 순간은 지금, 이 순간뿐이다. 매 순간을 '특별함'으로 채우고 있는지 자신에게 물어보자. 되풀이되는 시간 속에서 늘 같은 자리에 머물러도 이미 우리 삶은 충분히 아름답다.

재능보다 열정으로 승부하라

만학도의 길을 걷게 된 그날을 잊지 못한다. 인근 도서관 홈페이지를 통해 '독서토론 지도사 과정'을 수강했다. 강사님은 모 대학교의 독서지도 석사 학위를 받은 후 국문학 박사과정에 있는 분이었다. 수업 때마다 질문과 발표에 적극적인 나를 각별하게 보셨다. 나에게 '절대 주부로 살아서는 안 되는 아까운 사람'이라는 격려도 아끼지 않았다. 그분의 적극적인 권유로 나는 2020학번의 대학원생이 되었다.

새벽에 일어나 아침 식사를 준비하고 큰 아이와 둘째 아이를 등교시키는 분주한 아침을 보냈다. 일주일에 세 번, 수업이 있는 날에는 아침 8시 40분 기차를 타고 서울역에 도착했다. 역에 내리면 서둘러 택시를 잡아타고 강의실로 뛰어 올라갔다. 첫 수업의 시작이 9시 30분이라 뛰지 않으면 지각을 면치 못한다. 동기들의 얼굴을 익히기도 전에 정신없는 만학도의 삶은 그렇게 시작되었다.

'나는 누구, 여긴 어디, 그리고 이것은 무슨 뜻?'

첫 수업 시간, 앞으로 준비해야 과제와 수업 방식에 대해 교수님께 전달받았다. 강의실에 앉아 텅 빈 눈으로 넋이 나간 내 모습이 낯설었다. '모르면 용감하다' 했던가. 정말 모른 채 용감하게 대학원에 입학했다는 사실을 깨달은 지 얼마 안 되어 나는 충격에 빠졌다. 수업 때마다 주제와 관련된 논문을 읽고 요약해야 하는데 한국말로 적혀 있음에도 도무지 이해가 안 되었다. '하얀 것은 종이요, 까만 것은 글씨'라는 표현은 이럴 때 쓰는 건가 보다. '학창 시절 공부 재능이 없던 사람도 아니고 쉼 없이 자격증 취득에 몰두하며 배움을 멀리하지 않았던 나인데 이렇게 이해력이 떨어지는 사람이었나', '무슨 부귀영화를 누리겠다고 제 발로, 아니 제 손으로 대학원에 등록하다니, 내가 무슨 짓을 한 걸까?' 자책해도 소용없었다. 학교 수업이 있는 날은 빛의 속도로 다가왔다.

대학원 수업은 학생들이 돌아가며 수업을 이끌어가는 방식이다. 학생이 차시마다 준비해 온 요약자료와 설명으로 수업을 진행하고, 교수님은 강의실에 함께 하며 질문과 보충 강의를 하는 역할이다. 학생이 준비하고 끌어가는 수업은 큰 부담이었다. 논문 요약과 핵심 정리, 그리고 1학기 첫 중간고사 소논문 제출을 고민하며 괴로움에 몸서리치던 어느 날, 남편에게 말했다.

나는 죽을 때까지 빛나기로 했다

"한 학기만 해 보고 그만둘지도 몰라요."

"당신 힘들 텐데, 언제라도 그렇게 해요. 교수할 것도 아닌데요."

며칠 뒤 남편은 몇 달짜리 베트남 출장길에 올랐다. 그때 큰 아이는 중학교 3학년, 둘째 아이는 초등학교에 입학한 지 얼마 안 되었을 때다. 아이 둘을 학원에 태워다 주고 데리고 오며 몸은 지칠 대로 지쳐있었다. 하루가 어떻게 지나가는지, 날짜가 며칠인지 시간의 흐름에 파묻혀 학생의 삶을 살던 어느 날, 코로나바이러스까지 창궐했다. 골고루 이것저것 대단한 날들의 연속이었다.

대면 수업 과목 전부가 온라인 수업으로 바뀌었다. 그동안 가끔 선배님들과 식사하며 궁금한 것을 물을 수 있어 좋았는데 만날 기회가 줄었다. 과제와 리포트를 하며 도움을 청하고 싶었지만 별도리가 생각나지 않았다. 선배님 한 분 한 분께 연락하고 정중하게 부탁하며 묻고 또 물었다. 통화가 끝나면 커피와 케이크 쿠폰을 보내는 일도 잊지 않았다. 그렇게 한 걸음씩 나아가다 보니 단 한 문장도 눈에 들어오지 않던 논문의 핵심 주제가 보이기 시작했다. 핵심 내용을 요약하고 정리하는 데 걸리는 시간이 점점 짧아졌다. 수업 중간에 "이해력이 높고 핵심 파악이 빠르다."라는 교수님의 칭찬까지 더해지자, 슬그머니 마음속에서는 '1년은 마쳐야 하지 않겠어?' 하는 생각이 올라왔다.

프랑스에서 석사와 박사를 공부하고 오신 김 교수님의 그림책 수업은 대학원 전체 과정에서 가장 기억에 남는다. 그림책인지 동화책인지 구분 못 하고 어린아이들이 읽어야 하는 책으로 인식하고 있었던 나의 무지한 눈을 반짝 뜨게 했다. 작가의 그림을 제대로 이해하고 숨은 감동과 의미를 찾아낼 수 있는 시선을 갖게 해주었다. 대학원에 입학할 때만 해도 '아줌마인데 좀 편하게 수업을 들을 수 있지 않을까?', '만학도인데 적당히 하면 학점은 어느 정도 나오겠지.'라고 생각했었다. 그런 마음 자세는 자신을 존중하지 않는 태도였음을 일깨워 주신 분이 김 교수님이다. 서평 쓰는 법을 배우고 작가가 되어 다음 이야기를 상상하고 이어쓰는 과제가 참 재밌었다. 그림책의 소재를 분석하고 이야기의 배경과 작가의 의도를 공부했다. 논문 요약 후 발표하고 직접 프레젠테이션하는 방식의 수업 진행은 흥미로웠다. 다양한 배움을 향해 다가갈 수 있도록 이끌어 주신 김 교수님을 떠올리면 그 시절이 무척 그립다.

코로나의 시작과 끝에 입학과 학위수여식이 있었다. 잦은 해외 출장으로 인한 남편의 부재, 코로나바이러스가 가져온 힘든 상황을 모두 버텨냈다. 아이 둘의 학교생활과 건강에 부족함이 없도록 챙기며 학업에도 충실했던 시간이었다. 최우수 학생상과 전 학기 4.5 만점, 전 과목 A+라는 성적표를 받고 특별장학금을 받았던 순간들이 영화의 한 장면처럼 지나갔다. 인생 마지막 성적표일지도 모른

나는 죽을 때까지 빛나기로 했다

다는 생각에 최선을 다한 결과였다. 코로나로 인해 학위수여식은 약식으로 진행되었다. 품 안 가득 꽃다발을 준비한 남편과 아이들이 학위수여식을 축하하기 위해 서울까지 와 주었다. 대학원 동기들과 만나 모자와 가운을 갖춰 입고 학위 증서를 손에 쥐고 기념 사진을 찍었다. 그날만큼은 마스크를 벗고 서로를 꼭 안아 주었다.

우리는 때로 우리 앞에 있는 것을 벽으로 인식하고 도전하기를 두려워한다. 문제를 인식하면서도 답을 찾는 시도를 하지 않는다. 머리로는 새롭게 성장하는 삶을 꿈꾸면서 현실에서의 태도 변화는 게을리한다. '가로막혀 있는 벽을 어떻게 통과하나?'며 '벽 때문에 나아갈 수 없다.'고 포기한다. 용기를 내지 못한 것에 대해 상황을 탓하고 현실에 안주하는 삶을 선택하기도 한다. 하지만 벽을 문으로 인식하는 순간, 우리는 다른 마음과 태도를 갖게 된다. 가로막는 그것이 문인지 벽인지는 가까이 다가가야 알 수 있다. 벽 어딘가에 있을 문을 찾아 우리는 끊임없이 노력할 수 있고 무엇이든 도전할 수 있다.

"He can do, she can do. Why not me?"

모두가 아는 유명한 문장이다. 그들이 했다면 나도 할 수 있다. 우리는 그동안 남들이 만들어 놓은 공식을 나에게 적용하며 살았는지 모른다. 해낼 사람 따로 있고 성공할 사람 따로 있지 않다. 새로운 삶을 살고 싶다면 행동해야 한다. 삶을 바꾸는 노력은 재능에 있는 것이 아니라, 열정에 있다는 사실을 기억하면 좋겠다.

나는 죽을 때까지 빛나기로 했다

5장

스스로 가꾸고 성장하는 오십

나다움

고독은 나를 풍요로운 성장으로 이끈다

"그대가 곁에 있어도 나는 그대가 그립다."

류시화 시인의 시집 제목이자, 시의 첫 구절이다. 주위에 사람이 많고 사랑하는 사람이 곁에 있어도 우리 내면에서 느껴지는 어쩔 수 없는 공허함을 표현한 시다. 인간의 깊은 내면은 타인으로부터 채울 수 없는 것임을 말해주는 듯하다. 인간이 존재로서 느끼는 감정에 대한 복잡함 중 하나가 고독과 외로움이 아닐까.

'사람들과 만나서 즐거운 하루를 보내고 왔잖아.'
'그런데 왜 공허한 느낌이 들지?'

둘째 아이가 세 살 때 문화센터 강좌에 등록했다. 그곳에서 아이 또래 엄마들을 알게 되었다. 일주일에 한두 번은 아이들을 키즈 카페에 데려가자는 연락이 왔다. 그렇게 어울리는 시간이 많아졌고 그들과 헤어져 집에 돌아올 때면 묘한 감정에 힘들었다. '아이도 또래 친구들이 필요하니까 힘들어도 유지해야 하는 만남이야.'라는 생각이 들다가도 '귀한 오늘을 이렇게 낭비했구나. 만나고 나면 왜 허탈하지?' 하며 마음이 편치 않았다. 그럴 때마다 언제나처럼 책에서 답을 찾기 위해 노력했다. 독서는 나 자신을 들여다볼 수 있는 도구이자 나를 잘 아는 유일한 벗이기 때문이다.

'나는 어떤 사람인가?'
'나는 내 삶을 어떤 시간으로 채우고 싶은가?'

두 가지 질문에 대한 답을 찾는 데에는 그리 오랜 시간이 걸리지 않았다. 만 4살이 된 둘째 아이가 어린이집에 다니게 되었을 때 서랍 속에 두었던 작은 다이어리를 꺼내 펼쳤다. 아이가 어린이집에 있는 동안 하고 싶은 공부의 목록을 적어두었던 노트다. '취득할 자격 목록'에 있는 4개의 자격증에 동그라미를 그리고 순서를 정했다. 보육교사, 사회복지사, 요양보호사, 바리스타 자격증이 그것이다.

온라인 보육교사 자격 과정 이론수업부터 등록했다. 이론 시험에 합격하고, 내가 사는 아파트 1층에 있는 가정 어린이집에 실습 신청서를 냈다. 실습 동안 엄마에게 도움을 청했다. 엄마는 일주일에 세 번 라인 댄스를 배우고, 두 번은 파크 골프를 다니며 일상을 즐겁게 보내며 사는 분이다. 삶을 배움과 열정으로 채워가는 엄마를 보며 '내가 누굴 많이 닮았나? 했더니, 엄마였구나.' 하는 생각이 들었다. "시간을 소중히 여기고, 항상 배우는 삶을 놓지 않는 모습이 멋진 내 딸이야."라고 말씀하시며 기꺼이 아이를 돌봐주셨다.

보육교사 자격증을 손에 쥐고 시간을 헛되어 보내지 않았다는 충만함과 성취감에 행복했다. 그 자부심이 사라지기 전에 사회복지사 취득에 도전하기로 했다. 사회복지사 이론 몇 개 과목은 보육교사에서 이수했던 학점을 인정해 주었다. 덕분에 빨리 이론을 마무리 짓고 실습 후 사회복지사 2급 자격을 취득할 수 있었다. 사회복지사 실습 시간 전부를 요양보호 실습 시간으로 인정해 준다는 정보를 알게 되어 요양보호사 학원에 연락해 보았다. 필기와 실기에 단번에 합격하고 요양보호사 자격증까지 손에 쥐었다.

그 무렵 시아버님의 병세가 악화되어 누워계시는 날이 길어졌다. 간호를 도맡아 하시던 시어머님의 건강이 염려되고 지친 눈빛이 안쓰러웠다. 요양보호사로 근무한 경력은 없지만 어떤 도움이라도 드리고 싶어 장기 요양보험에 대해 문의해 보았다. 요양 등급 절차를 받기 위해 신청하고, 일주일에 세 번 방문 요양 보호사의 도움을 받을 수 있도록 연결해 드렸다. 작은 노력이 어른들에게 도움이 되어 얼마나 기뻤는지 모른다. 3개의 자격증을 취득하고도 나의 자

나는 죽을 때까지 빛나기로 했다

격증 사랑은 끝나지 않았다. '커피를 사랑하는 사람이 바리스타 자격이 없으면 되나?' 집 근처 대학교의 평생교육원에서 진행하는 바리스타 2급 수업에 등록했다.

'끝없이 도전하고 성취하는 일에서 즐거움을 느끼는 나의 배움은 어디까지일까?'

모르는 사람들은 나를 오해한다. 모임이 많은 사람, 잦은 약속으로 스케줄이 꽉 차 있어 얼굴 보기 바쁜 사람, 근사한 파티나 행사에서 분위기를 이끄는 사람으로 말이다. 사실 나는 혼자 있는 시간을 사랑하는 '집순이 유형'이다. MBTI 결과에서 'ESTJ', '엄격한 관리자형'이라고 나왔지만, 그 '엄격함'은 타인이 아닌 나에게만 적용한다. 스스로 선택한 고독 안에서 보내는 시간이 즐겁다. 필사와 낭독, 책을 읽고 사색하는 삶을 진정한 행복으로 여긴다.

혼자가 편하지만 그렇다고 외톨이처럼 지내지는 않는다. 한 달에 한 번 만나는 모임은 두 개다. 하나는 영화 모임이고, 다른 하나는 독서 모임이다. 영화 모임 멤버가 돌아가며 영화를 추천하고 함께 본다. 영화에 대한 소감과 생각을 나누며 와인 한 잔씩 기울이는 날도 있다. 독서 멤버들과도 한 달에 한 번 모임을 한다. 멤버 한 명씩 순서대로 함께 읽을 책을 정하고 토론 발제문을 올린다. 다른 멤버들은 책을 읽고 자신만의 생각을 담아 답을 준비한다.

깊고 좁은 인간관계를 추구하는 나다. 한 번 인연을 맺은 이들에게는 '한순간 필요한 사람'이 아닌 '오래도록 소중한 사람'으로 진실된 마음을 나눈다. '몇 년 지기', '몇십 년째 이어온 관계'가 말하는 시간이 준 미련이나 그저 좋은 사람이라는 이유만으로는 관계가 지속되지 않는다. 서로에게 공동의 이로움과 성장이 있을 때 인연이 오래 유지될 수 있지 않을까하는 생각이 든다.

가끔 잡은 약속이 깨지거나 미뤄지면 아쉽지 않다. '혼자만의 시간을 보내면 되니 오히려 좋아.'라는 마음이 든다. 북토크 진행자로서 나를 보면 '말하기를 좋아하는 사람'으로 보이지만, 사실 침묵이 편할 때가 더 많다. 혼자 밥 먹고 쇼핑하는 것이 어색하지 않다. 큰 행사나 모임에서 긴 시간 사람들과 만나고 돌아오면 이틀은 혼자만의 시간을 가져야 몸과 마음이 편하다.

패션 디자이너로서 역사를 장식한 코코 샤넬은 방 한가운데 거울을 두고 살았다고 한다. 거울을 통해 외모나 옷차림을 체크했겠지만, 그녀에게 거울 보기는 자신과의 대화를 의미했다고. 내면을 바라보기 위해 다양한 방법을 활용했는데, 특히 독서를 통해 자신을 들여다보고 철학을 쌓는 일을 중요하게 생각했다. 고독을 품고 있었지만 고립되지는 않았던 그녀의 혼자 있는 시간 속 모습은 어땠을까? 코코 샤넬은 혼자가 되고 싶을 때는 단호하게 "혼자 있고 싫으니까 그만 돌아가 주지 않을래요?"라고 말했다고 한다.

쇼펜하우어는 "고독을 견디는 법을 아는 사람이 진정한 자유를 아는 사람"이라고 했다. 혼자 있어도 불안하지 않은 이유는 자기만의 세계가 있는 것이고, 때로 느껴지는 외로움은 잘 살고 있다는 증거다. 인간은 고독할 때 진짜 강한 힘을 키울 수 있으며 고독을 긍정적으로 바라본다면 어떤 시련도 감당할 수 있다. 자신과 마주한 시간 속에서 느끼는 고독을 긍정의 에너지로 바꿀 수 있음을 기억하자. 자신과의 일대일 대화를 통해 질문하고 답하는 일은 강인한 내면을 가꾸는 데 도움이 된다. 축적된 내공이 어느 순간 드러날 때, 누구에게나 매력적인 사람으로 보일 수 있다. 혼자여도 괜찮다는 당당함이 여유로움과 안정감을 느끼게 하기 때문이다.

좋아하는 책의 제목이 있다. 에세이 작가 오평선님의 《꽃길이 따로 있나, 내 삶이 꽃인 것을》이다. 혼자인 시간에 나를 위한 씨앗을 심고 싶다. 물을 주고, 꽃을 피우고 열매를 맺는 일의 과정을 경험하고 싶다. 삶의 꽃길을 완성하는 일은 선택한 고독 안에서 만날 수 있는 풍요로움이다. 사람들과의 만남과 대화가 즐겁지만 혼자만의 시간 속에서 여유를 찾고자 하는 욕구도 공존한다. 무엇이든 '시작하고 보는 실행력'은 혼자만의 시간에서 쌓은 단단함에서 나온다.

고독의 긍정적인 면을 아는 사람, 내면이 풍요로운 사람은 혼자 있는 시간에서 최고의 행복을 느낄 수 있다. 인간은 타인과 만나는 시간이 적을수록 더 나은 삶을 살게 된다고 한다. 우리가 삶에서 가장 힘써 배워야 할 것은 고독에서 행복과 마음의 평온을 얻는 일이라는 사실을 기억하면 좋겠다. 나에게도 타인에게도 '오래도록 소중한 사람'이고 싶다. 고독에서 축적된 힘으로, 함께 있을 때 빛나고 혼자일 땐 깊어지면 된다.

내가 누구인지 알 때, 삶이 행복해진다

"오늘 유난히 말라 보인다. 혹시 다이어트 중이니?"

커피 한잔하려고 만난 친구들이 이구동성으로 묻는다. "흠…, 다이어트는 내 사전에 없는 단어인데?" 먹는 즐거움이야말로 인생의 큰 행복이다. 줄일 것이 따로 있지, 음식을 줄일 수는 없다. 나의 체중은 60킬로그램 정도다. 굳이 말하지는 않지만 신체 콤플렉스도 있다. '건강한 하체'다. 살이 잘 붙지 않는 날씬한 상체 덕에 50킬로그램 초반의 체중으로 보이는 신통방통한 몸에 말라 보이는 마법까지! 나는 정말 다 가진 사람이다. 때로는 정확한 체중을 말했는데도 '진짜 몸무게를 숨기고 날씬하다고 은근히 자랑하는 거 아니야?'라는 오해를 받는다. "통뼈라서 그런가 봐." 하고 웃으며 넘긴다.

나의 얼굴은 웜톤이고 손과 발은 쿨톤이다. 가장 어울리는 컬러는 인디고와 아이보리인데, 인디고 색상은 차분한 아나운서의 이미지를, 아이보리 색상은 반사판을 가까이 댄 것처럼 안색을 밝게 만든다. 날씬하게 보이고 싶어 검은색의 옷을 즐겨 입지만, 베이지와 브라운 계열의 디자인도 잘 어울린다. 하지만 청바지와 같은 캐주얼한 스타일은 전혀 안 어울린다. 우연히 입는다면 긴 팔과 짧은 다리가 대비되어 '옷으로도 웃길 수 있는 사람'이 된다. 옷장에는 청바지가 단 한 벌도 없다. 심지어 둘째 아이 유치원에 고구마 캐는 봉사활동을 하러 갔을 때조차 정장 바지를 장화 속에 넣어 입었다.

집 앞 마트에 갈 때는 발목까지 내려오는 풀 스커트를 즐겨 입는다. 통통한 하체를 감추기에 제격이다. 옷장에는 디자인은 같고 색상만 다른 스커트가 여러 벌 걸려 있다. 치마에 어울리는 플랫 슈즈를 신고 다닐 뿐인데, 그 모습이 우아해 보이는가 보다. 사람들은 내가 아름다운 꽃으로 가득한 화병이 올려진 테이블에서 양식을 즐겨 먹는 줄 안다. 간식으로는 애프터눈 티와 갖가지 디저트를 먹는다고 생각한다. 미디엄으로 구운 안심과 레어로 구운 등심이 나란히 자리한 티본스테이크에 이탈리아의 끼안띠 클라시코 와인만 마실 거로 생각하면 큰 오산이다. 얼큰한 순댓국을 주문하면 밥 두 공기는 먹어줘야 하고, 돼지고기 삼겹살은 1인분이 한 근인 줄 알고 있는 사람이다. 음주 후 다음 날 아침은 콩나물 해장국으로 속을 달래고, 오랜만에 만나는 친구와의 약속은 소곱창집으로 잡는다. 곱이 사라지지 않게 구운 맛있는 곱창을 구운 대파 한 겹과 부추무침에

나는 죽을 때까지 빛나기로 했다

싸 먹으면 '끝내주게' 맛있다.

유럽에서 거주할 때 만난 친구 집에 초대받아 가는 일은 언제나 즐거웠다. 여러 나라 고유의 음식을 먹을 때마다 요리법을 물어보고 맛을 기억하고자 노력했다. 나는 어릴 적부터 집안의 제사나 명절에 엄마를 도와 음식을 준비하는 일이 즐거웠다. 만들 줄 모르는 음식이라도 금방 배워 맛을 낼 만큼 요리에 자신 있었다. 큰 아이의 국제 학교에서 만난 엄마 몇을 수강생으로 두고 한국 요리 수업을 열기도 했다. 잡채, 불고기, 김밥, 깍두기까지 함께 만들고 맛보았다. 인터내셔널 우먼스 클럽에서 만난 멤버들을 초대해 홈 파티를 주최하기도 했다. 한식과 양식을 넘나드는 요리 실력을 뽐내는 시간은 언제나 즐거웠다.

엄마는 항상 압력밥솥에 갓 지은 따뜻한 밥을 차려주셨다. 그래서인지 내 기억 속 밥이 가진 추억과 향기는 '따뜻한 고소함'이다. 신혼 시절부터 지금까지 전기밥솥을 사용하지 않는다. 미리 씻어 불린 쌀로 매끼 밥을 한다. 압력밥솥에 밥을 짓거나, 갖가지 재료를 올린 솥밥을 즐겨한다. 우리 가족은 냉장고에 두고 먹는 반찬을 좋아하지 않아 끼니마다 찌개나 볶음 또는 구이 요리 중 하나를 조리해 먹는다. 냉장고에는 김치와 기본 식재료, 달걀과 우유, 물과 음료 정도만 보관되어 있고 필요한 식재료는 새벽 배송되는 앱을 사용한다. 엄마 말씀이 맞다. 돈만 있으면 참 편리한 세상이다.

무력감을 느끼며 힘든 순간은 아이들이 아플 때 대신 아파줄 수 없어 안타까운 마음이 들 때다. 좌절과 실패 앞에서 아이들이 용기 내지 못하고 물러서게 될까 봐 조용히 지켜봐야 할 때도 그렇다. 큰 아이는 대학입시로 인해 고통스러운 시간을 보냈다. 시험이나 대학이 삶의 전부가 아니라고, 인생에 '작은 점 하나 찍는 일'이라고 말해주었지만 자신을 믿지 못해 괴로워하는 아이를 보면서 마음이 너무 아팠다. 하지만 아이들에게 친구이자 인생의 멘토가 되어 함께 나아가려면 용기와 자신감을 유지해야 한다. 두려움 속에서도 나아갈 용기를 내는 일은 매 순간을 의미 있게 만드는 가장 귀한 재산이다.

내가 활짝 웃으며 미소 짓는 순간은, 가족 모두가 식탁에 둘러앉아 직접 만든 요리를 맛있게 먹으며 대화하는 시간이다. 아이들이 말하기 시작하면서 나와 남편은 우리만의 식사 인사를 가르쳤다. 밥을 먹기 전 물잔을 서로 부딪치며 "우리 가족 사랑해요."를 외치는 일이다. 습관처럼 오래 했던 행동이라 자다가도 잔만 대면 자동으로 말이 튀어나올 것 같다.

엄마로서 행복과 보람을 느꼈던 때는 큰 아이가 대학 입학 후 독립해서 씩씩하게 사는 모습을 보았을 때였다. 아이는 버거킹에 파트타임 지원서를 내고 일하며 고된 노동의 현실을 경험하려고 노력했다. 저녁 식사로 제공되는 작은 햄버거 하나를 먹으며 엄마의 집밥에

나는 죽을 때까지 빛나기로 했다

대한 수고와 소중함을 알았다고 했다. 세금을 제하면 만원이 채 되지 않는 시급을 받으며 돈의 중요성을 느꼈다고. 지금의 자신이 있기까지 모든 삶이 부모님 덕분이라며 감사한 마음을 자주 표현한다. '아들 바보'인 나는 같은 말을 듣고도 매번 울컥하며 감동한다.

몇 년전 우연히 친구와 들른 사주 카페 주인은 내 생일과 태어난 시간을 물었다. 명리학 책을 몇 페이지 넘기며 고민하더니, 나에게 '일타 강사의 삶을 살아야 하는 사람'이라고 했다. 전공이 아니고 관심 분야가 아니더라도 무엇이든 배우기만 하면 잘 가르칠 수 있는 재능을 가지고 태어났다고 했다. '일타 강사'는 아니고 '오타 강사'쯤 되는지는 모르겠는데, 작년부터 도서관에서 경제 강사의 길을 걷고 있다. 힘들었던 어린 시절의 가난을 대물림하고 싶지 않아 긴 시간 경제와 투자 공부를 해왔다. 두 시간에 10만 원 받는 강의지만 기회가 주어진 것에 늘 감사하다. 북토크 진행자, 클래식 콘서트 가이드로서도 언제나 자신감이 넘친다. 저자의 책을 읽고 인터뷰하며 독자와 깊은 소통을 할 수 있도록 연결하는 삶은 정말 행복하다. 첼로 연주를 하게 되면서 음악에 대한 관심이 더 많아졌다. 한 달에 한 권은 클래식 독서를 한다.

복잡한 내용도 이해하기 쉽게 전달하는 능력은 반은 타고난 것이고 반은 독서를 통해 키워진 것이 아닐까 한다. 학창 시절 시험을 앞두고 공부할 때마다 내 앞에 누군가가 있다고 상상했다. 교사의 관점에서 학생에게 아는 것을 전달하는 방식이 즐거웠다. 설명하지 못하면 모르는 것이라고 생각한다. 소리 내어 말하는 방식의 공부는 쉽게 외우는 능력과 기억력 향상에 도움이 되었다. 나중에 알았다. 유대인의 학습법으로 잘 알려진 '하브루타'와 같은 방법이었다.

자신이 누구인지 정확하게 파악하기 위한 노력은 정말 값지다. 스스로에 대해 잘 알면 알수록 행복한 인생을 찾는 길이 쉬워진다. 매일 독서와 사색을 통해 나와 내 주변을, 그리고 삶에 대해 더 깊이 이해하게 되었다. 어떤 감정으로 살아갈 때 최고의 즐거움을 만끽하고 순간을 충만한 기쁨으로 채우는지 알게 되었다. 가진 재능이 무엇인지 알고 부족함을 찾게 되면 인정하고 더 나은 방법을 찾고자 노력한다. 실패의 경험이나 후회스러운 과거는 삶의 자양분이 된다. 시행착오와 힘든 경험은 더 깊은 나를 만나게 하고 성장하게 만든다. 지금 이 순간 최선을 다하며 삶의 본질에 충실한 삶을 살기 위해 노력한다. 책 속에 숨은 지혜를 찾아 일상에 적용하며 마음의 여유를 누리고 있다.

단점 하나를 보완할 시간에 장점을 더 키우는 것이 중요하다. 약점보다 강점에 집중하는 것이 옳은 선택이다. 어느 글에서 고학력자보다 똑똑한 사람은 자신을 아는 사람이라고 했다. 독서를 통해 항상 객관성을 갖고자 노력했다. 나를 잘 알고 있다고 자신 있게

나는 죽을 때까지 빛나기로 했다

말할 수 있다. 신체가 가진 강점과 약점부터 마음 깊은 곳의 상처와 불편한 진실까지 용기 있게 다가갔던 삶이다. 찬란한 순간을 기다리지 않고 매 순간을 찬란하게 만들어갈 나의 멋진 용기는, 묻고 따질 것도 없이 독서에서 얻은 힘이다.

'재밌는 사람'보다 '깊은 사람'

유럽 주재 생활을 마치고 한국에 돌아온 지 한 달쯤 지났을 때다. 임신테스트기 표시 창에 선명한 두 줄이 확인되었다. 오래전 불임 진단을 받고 어렵게 큰 아이를 가졌던 나였기에 믿기지 않았다. 8년 만에 둘째 아이는 기적처럼 왔고 소중한 가족이 되었다. 친정엄마에게 큰 아이를 몇 년 동안 맡겨 키웠다는 사실은 마음속에 자책으로 남아있었다. 당당한 엄마로 만회할 수 있는 기회가 왔다. 둘째만큼은 내 손으로 키우리라 다짐했다.

아이를 유모차에 태우고 산책하거나 아파트 놀이터에서 함께 노는 일상이 반복되었다. 눈인사만 하던 엄마들과 한두 마디 대화를 나누다가 친해졌다. 큰 아이 때는 몰랐던 '육아용품의 신세계'를 발견하게 되었다. '공동 구매'의 기회를 찾아 그들과 같은 물건을 구입하곤 했다. 키즈 카페에 아이들을 놀게 하고 엄마들과 수다 삼매경에 빠지기도 했다. 어떤 날은 정리 세일 하는 공장까지 찾아가 아이 내복을 여러 벌 구입해왔다. 직장맘이었을때는 경험하지 못한 또 다른 즐거움으로 받아들였다. 하지만 집에 돌아오면 '오늘 뭘 하며 시간을 보낸 거지?' 하며 이름 모를 공허함을 느꼈다.

같은 아파트에 사는 아이 친구 엄마의 초대를 받은 날이었다. 과일을 사 들고 갔는데, 먼저 온 다른 엄마들이 막 구운 부침개에 맥주를 마시고 있었다. '낮술은 부모도 못 알아본다던데'. 그들은 돌림노래하듯 남편에 대한 불만을 쏟아내고 있었다. 그들 중 몇은 시댁 식구들에 대한 불평을 늘어놓았다. 사람들은 위로와 맞장구로 반응했다. '이 상황이 나에게도 즐거운가?', '아이를 키우는 엄마의 일상이 좀 더 특별할 방법이 있을까?'. 고민이 되는 일에 언제나 떠올리는 문장이 있다. "Follow your heart!". 마음이 시키는 대로 그들과는 점점 거리를 두었다.

나는 고독을 선택했다. 책을 읽고 사색하는 시간을 가졌다. 끝없이 질문하고 답하며 내면을 들여다보았다. 아는 엄마가 없어도 괜찮은 단단한 사람이 되고자 했다. 아이에게 그림책을 읽어주고 대화하는 시간을 보냈다. 아이의 표정 하나하나를 세심하게 살필 수 있어 행복했다. 놀이 기구를 활용하며 함께 놀기도 했다. 요리사가 되어 플라스틱 계란후라이를 만들고, 피아니스트가 되어 포핸즈로 연주했다. 자발적 고립은, 아이의 눈을 더 깊이 자주 들여다보며 서로의 성장에 집중할 수 있게 해주었다.

좋은 사람과의 만남은 선물이고 누구와 함께할지가 인생의 질을 바꾼다. 늦게 얻은 소중한 아이의 친구를 만들어 주겠다는 욕심이 억지 관계 속에 나를 밀어 넣은 것은 아닐까 하는 생각이 들었다. 편하지 않은 관계, 자연스럽지 않은 일상을 보냈던 시간을 돌아보며 '나를 행복한 삶으로 이끄는 인연은 어떤 사람들일까?' 하며 관계에 대한 본질을 들추었다.

어릴 적부터 나는 친구가 많지 않았다. 학기가 바뀌면 자리에 앉아 한 달 동안 학급 친구들의 모습을 지켜보는 신중한 아이였다. 많은 사람과 친해지려 하지 않고 공통점을 가진 친구를 찾고자 했다. 생각지 못한 유머를 분출하며 학급 분위기를 즐겁게 이끄는 재주를 가진 재미있는 친구가 좋았다. 이마에 '공부만이 살길'이라고 적혀 있는 듯한 모범생 친구의 지적인 분위기도 좋았다. 교복 치마를 둘둘 말아 허벅지까지 올린 멋 내기 좋아하는 친구들도 나름의 매력이 있었다. '호불호가 없는 사람'이나 '모난 곳이 없어 착할 수 밖에 없는' 친구에게는 별다른 매력을 느끼지 못했다.

가방 안에 교과서 외에 읽을 책을 가지고 다니는 친구가 있는지, 교과서에 작은 책을 몰래 겹쳐 읽는 아이가 있는지, 쉬는 시간에 책 읽는 것을 좋아하는 아이가 있는지 살폈다. 한두 명 정도는 독서를 좋아하는 아이가 꼭 있었다. 그런 아이와 둘도 없는 친구가 되면 시험 성적과 관계없이 학교생활이 행복했다. 좋은 책을 읽고 서로의

나는 죽을 때까지 빛나기로 했다

생각을 나누며 소장하고 싶은 책은 손 편지와 함께 선물하기도 했다. 독서와 함께 성장하는 친구와의 우정은 귀했다. 어른이 되어서도 마찬가지였다. 어떤 분야의 주제로도 소통이 가능한 사람과 친구하고 싶었다. 독서하는 사람은 편협한 사고를 하지 않기 위해 노력하는 사람이라고 생각했다.

아이의 초등학교 엄마들이나 안면이 있는 사람 중 독서하는 이를 찾는 일은 쉽지 않았다. 그들은 아이 학교 성적이나 수학 선행에 관심이 많았다. 수학을 선행하는 아이 엄마는 자녀를 은근히 자랑스러워하기도 했다. 시험이 끝나면 엄마들은 카페에 모여 자리를 잡았다. 어느 집 아이가 시험에서 1등을 했는지 알아보고, 영재로 발탁된 아이의 엄마는 자신의 노력을 과시했다. 성적이 높은 아이가 다니는 학원에 빈자리가 있는지, 시험 준비를 철저히 해주는 학원은 어디인지 공유하며 옮길 학원을 알아보기에 바쁜 모습이었다.

큰 아이는 아파트 단지 내에 있는 수학과 영어 공부방을 다녔다. 나는 아이가 숙제를 놓치지 않고 수업에 잘 참석하는지만 챙긴다. 공부는 아이 몫이다. 엄마들이 귀한 시간의 대부분을 아이에게만 몰입하며 신경 쓰는 것이 이해되지 않았다. 학교생활에 충실하고 공부를 열심히 하는 것이 아이의 과업이지만, 내 눈에 학교는 엄마들이 다니는 것처럼 보였다.

'5인승 차량에 여섯 번째라서 타지 못했다면 과연 그 아이는 실패한 것일까?', '더 노력해서 경쟁에서 이겨 다섯 명 안에 들어야 할까?' 아이들은 학교와 사회에서 끝없는 경쟁으로 현실의 무게를 느끼고 있을 것이다. 아이에게 항상 하는 말이 있다. 인간의 행복은 학교 성적으로 결정되지 않는다고. 사람들이 좋은 대학에 입학하기 위해 노력하는 것은 선택의 기회가 많은 위치에 닿으려는 것이라고. 공부는 인생의 과정 중 하나일 뿐 전부는 아니니까 하고 싶은 일에 열정을 쏟으라고.

아이가 가지고 태어난 무수히 많은 재능과 가능성을 공부 하나에 가두면 안 된다고 생각했다. 부모로서 그것들을 하나하나 꺼내어 경험할 수 있게 해주면 된다. 나는 아이가 책을 읽고 생각하는 일 외에도 많은 경험을 쌓게 도와주고 싶었다. 매년 명문대학에서 실시하는 '멘토링 프로그램'을 신청하고 아이가 직접 진로상담을 할 수 있는 기회를 만들었다. 교육 전문가들의 강연을 찾아 듣고 취할 것은 취하고 버릴 것은 버렸다. 심리상담사 2급 자격 과정을 취득하며 마음공부도 했다. '아이와 소통하며 마음을 주고받는 엄마'가 되는 일을 삶의 중심에 두었다.

가수이자 엔터테인먼트 대표인 박진영은 "인맥은 필요없다."고 했다. 사람은 이기적이라 서로에게 도움이 되면 알아서 다가오고, 자신을 돌보고 계발하는데 더 많은 시간을 쏟아야 한다고. 최고의 자기 계발은 '시간을 잘 쓰는 일'과 '삶을 주도적으로 이끄는데 투자하는 것'이라고 생각했던 나는, 그 말이 공감되었다. 인맥은 짧게 보면 도움이 될 것 같지만 길게 보면 그렇지 않다. 독서를 통해 내면을 들여다보고 타인의 생각과 의견에 휘둘리지 않는 자신만의 삶의 기준을 갖는 일이 더 중요하다. 모두와 깊은 관계가 될 필요는 없다. 진정으로 서로를 이해하는 진심 어린 관계 한두 명이면 충분하다.

인간관계는 지키는 게 아니라 잘 걸러내는 것이다. 의미 있는 친구를 찾고 있다면 자신이 먼저 의미 있는 변화를 위해 노력하자. 귀한 시간에 깊은 대화가 가능한 사람, 함께 성장할 수 있는 관계는 삶에 큰 힘이 된다.

돈보다 큰 재산이 되는 3가지

"사람이 평생 한 번도 마음을 다해 힘써본 적이 없다면, 어찌 그릇의 크기를 알겠는가."

다산 정약용의 말이다. 몇 년 전 나는 부동산 투자 중 가장 쉽다는 근거 없는 정보를 접하고 겁 없이 분양권 투자에 뛰어들었다. 태어날 때부터 남다른 돈 그릇의 크기를 가졌다고 착각하며 탐욕 넘치던 시간이었다. 천지 분간 못하고 여러 개의 분양권에 투자하며 힘든 시간을 보냈다. 이 글을 쓰며 다시 떠올리니 쥐구멍에 숨고 싶다. 둘째 아이가 "엄마가 들어갈 만큼 큰 쥐구멍은 세상에 없어요."라고 말할 것이 상상되니 헛웃음이 난다. 투자 실패의 쓰라린 과정을 가족들과 공유했다. 실패에는 포옹과 위로를, 성공에는 막춤을 추며 기뻐하는 우리 가족이다. "비싼 수업료를 치른 경험이었어. 하지만 마무리 잘할 테니 지켜봐 줘요."

나는 죽을 때까지 빛나기로 했다

돈보다 큰 재산이 되는 **첫 번째는, 건강한 신체다.** '닭이 먼저일까, 달걀이 먼저일까?'와 같은 얘기인데, 신체 건강은 곧 정신 건강이고 마음은 신체를 따른다. 남편의 정년퇴직을 당겨주겠다는 야심 찬 계획으로 시작했던 분양권 투자 실패를 경험하고서야 지나친 욕심이었음을 깨달았다. 남편이 좋아하는 골프를 실컷 즐길 수 있도록 '골프공을 쥐는 삶'을 약속했었다. 투자 실패로 골프공을 '주워야 할지도 모르는 상황이 될 위기'를 경험했다. 남편에겐 경제적 자유를, 두 아이에겐 풍요로운 미래를 주고 싶었던 가족 바보인 나의 사랑은, 시작은 아름다웠으나 끝은 처참했다.

하루가 멀다하고 서초동의 변호사들을 만났다. 방법을 찾으려 했지만 당시는 건설 경기가 좋지 않았다. 시행사들 또한 최악의 자금난을 겪던 시기였다. 매달 납부해야 하는 상상하지 못할 금액의 대출이자를 감당하는 것만으로도 너무 고통스러웠다. 하지만 더 큰 일은 내 몸에 생긴 적신호였다. 평소에 안 쓰던 근육을 쓰면 근육이 놀란다고 하는데, 가장 놀란 근육은 다름아닌 심장이었다. 시도 때도 없이 제 멋대로 쿵쾅거렸다. 밥을 먹다가도 갑자기 빨리 뛰는 심장에 가슴을 부여잡고 웅크리곤 했다. 스트레스로 인한 불면증과 우울증까지 진단받았다.

가족들에게 내게 닥친 상황과 증상을 천천히 설명했다. 가장 친한 친구에게도 상황을 털어놓았다. 남편에게 당분간 아이들의 식사와 집안일에 대한 도움을, 아이들에게는 학교생활에 충실해 달라고 부탁했다. 친구에게는 증상이 나아지는 대로 연락할 테니 너무 염려 말라고 했다. 처방받은 약을 먹으며 미라처럼 누워지냈다. 허공을 향해 무언가 말하고 싶은 눈빛은 '후회'라는 단어만을 그림처럼 떠올렸다.

10일 정도 지났을까. 애써 외면했던 거울 속 모습을 보았더니 퀭한 눈에 초췌한 피부를 가진 낯선 내가 있다. 모든 것을 포기한 듯한 지친 모습이다. 오래전 걷지 못해 누워있을 때 했던 다짐이 떠올랐다. '다시 걸을 수만 있다면 어떤 삶이라도 받아들이겠다는 용기는 대체 어디로 간 걸까?.' '투자가 실패한 것이지 네 삶이 실패한 것은 아니잖아.' '멋진 사람이 왜 그런 모습이니?'. 당장 밖으로 나가 걸어야겠다는 생각이 들었다. 운동화 끈을 조이고 모자를 눌러썼다. 블루투스 이어폰을 끼우고 집 근처 호수를 매일 걸었다.

두 달이라는 시간이 흘렀다. 거울 속에는 '열정을 되찾으려는 사람'이 보인다. 무기력하게 누워만 있던 삶이 리듬을 찾기 시작했다. 그제야 가족들이, 친구들이 눈에 들어왔다. 제 맘처럼 아파하며 걱정했을 그들을 생각하니 미안하다는 말로도 부족할 것 같았다. 주방을 정돈한 다음 장을 보고 식재료를 손질했다. 병원을 찾아 근황을 전했더니 의사 선생님이 기뻐하며 격려해 주었다. 감정 기복이 줄고 멘탈이 단단해지면 더 이상 약을 먹지 않아도 될 것 같다고 말

나는 죽을 때까지 빛나기로 했다

쓰하셨다. 몸의 반응에 집중하고 체력을 키우며 상처 난 자존감부터 챙겼다. 몸을 움직였더니 생각이 바뀌었다. 생각이 바뀌니 삶 전체의 흐름에 변화가 생겼다. 무너지려 했던 정신은 신체를 관리하면서 다시 일어서게 되었다. 흐트러졌던 자세와 집중력을 되찾았다. 매일 걷는 일은 나에게 '무엇이든 해낼 수 있는 사람'의 정체성을 새겨주었다.

니체는 "고통을 이긴 자는 다시는 예전의 자신으로 돌아가지 않는다."고 했다. 고통 속에서 성장했다는 건 새로운 나로 살아가는 일이다. 건강에 무리가 오고 나서야 깨달았다. 도전과 실패를 반복한 경험을 통해 성공에 다가 갈 수 있다는 사실을. 아무것도 하지 않으면 아무 일도 안 생겼을 것이다. 정신과 신체가 건강한 자에게 투자의 기회는 언제든 다시 온다. 귀한 경험은 경제적 자유를 향한 기준을 다시 세우고 방향을 바꿀 용기를 주었다.

돈보다 큰 재산이 되는 **두 번째, 평생 소중히 여겨야 하는 보석 같은 친구다.** 인생에 필요한 친구는 3명이라고 한다. 진실을 말해주는 친구, 비밀을 지켜주는 친구, 끝까지 함께 하는 친구. 이 셋 중 한 명이라도 있다면 큰 행운을 가진 것이라고 한다. 내게는 세 가지를 충족하는 한 사람, 평생의 친구가 있다. 유럽 주재원 시절 인연을 맺은 '가족보다 더 가족 같은' 그녀다. 나보다 세 살 어리지만 가끔 세 살 위 언니 같은 면을 지녔다. 그녀는 좋고 싫음에 대한 기준이 나와 같다. '가족 간의 사랑과 자녀 교육에 대한 가치관', '삶을 대하는 긍정적인 태도'가 놀라울 만큼 서로 닮아있다. 15년 넘게 우정을 지킬 수 있는 가장 큰 이유다.

그녀는 "언니 일상은 시트콤 같아!"라고 말하며 대수롭지 않게 던진 유머에도 크게 웃는다. 다혈질에 분위기파인 내 성격을 있는 그대로 인정하는 친구다. "있잖아~"와 같은 말을 했을 뿐인데도 하고 싶던 이야기를 족집게처럼 맞춘다. 표정과 눈빛으로 서로의 감정을 알아채고 배려하는 습관이 몸에 배었다. 좋은 것을 알게 되면 나누고 싶고, 맛있는 식당을 찾으면 함께 가고 싶다. 감추고 싶은 나의 부끄러운 실수는 모른 척 덮어주고 잘한 일은 추켜세우는, 준 것은 잊고 받은 것을 오래 기억하는 고마운 친구다.

별거 아닌 일에도 나를 믿고 인정해 주고 힘들거나 아플 때 한걸음에 달려오는 사람이다. 사랑을 주고받는 일의 소중함을 알고, 나를 특별한 눈빛으로 바라봐 준다. 나의 도전과 성장을 묵묵히 응원해 주는 친구다.

인복은 우연히 만들어지지 않는다. 갑자기 생기는 것이 아니라 베푼 것들이 천천히 쌓여 되돌아오는 일이다. 선한 마음은 결국 돌아온다는 것을 믿는다. 귀한 친구는 인생을 더욱 편안하게 흘러가게 한다. 돈보다 소중한 친구. 좋은 사람 곁에 더 좋은 사람으로 머물고 싶다.

나는 죽을 때까지 빛나기로 했다

"가서 큰 며느리 역할하고 올 테니 염려 말아. 아들 시험 준비하는 일에만 집중해. 다른 설명 없이도 언니를 이해해. 아이 가진 엄마라면 누구도 언니에게 돌을 던질 수 없을 거야."

시어머니의 부고를 전했을 때 친구는 장례식장으로 향하는 기차 안에서 전화했다. 두고두고 마음 아픈 일이 있다. 큰 아이 수능을 며칠 앞두고 먼 곳으로 떠난 시어머님의 빈소를 지키지 못했다. 남편과 나는 첫 손자로 태어나 큰 사랑을 받았던 아이가 할머니를 잃은 충격으로 대입 시험을 치르지 못하게 될까봐 소식을 전하지 않기로 했다. 수능이 끝난 뒤 함께 추모원을 찾아 아이들에게 솔직한 마음을 전하며 진심으로 사과했다. 한동안 아이들을 향한 미안함과 서운함을 감당하는 일은 괜찮았지만 어머니께 죄송한 마음은 잊을 수 없을 것 같다.

돈보다 큰 재산이 되는 **세 번째는, '나다움을 유지할 수 있는 꿈'이다.** 나는 동네에서 지인을 마주치면 "언제 밥 한번 먹어요."라고 말하지 않는다. 어쩌다 실수로 하게 되면 무조건 시간 약속을 잡아 밥을 먹어야 하는 성격이다. 언제나 책임질 수 있는 말만 하려고 노력한다. 누군가는 고지식하고 융통성이 없다고 할지 모르지만 성격 덕을 보기도 한다. 하고 싶은 일이 있거나 배우고 싶은 공부가 있다면 도전을 망설이지 않는다. 어떤 결과도 내 책임이라는 사실을 알고 과정에서 얻는 기쁨에 집중한다. 성공하면 '성취감'을 얻는 일, 실패하면 '귀한 경험'이라 여긴다.

"한 번도 가져본 적 없는 것을 원한다면, 한 번도 해 본 적 없는 노력을 해야 한다."는 글이 있다. 나에게는 '꾸준함'이 그 노력 중 하나다. 누구든 시도할 수는 있지만 꾸준하기는 힘들다. 나이 마흔 이후에는 실력이 아닌 태도가 그 사람을 증명한다. "나는 안돼", "다 늦은 나이에 무슨"과 같은 말로 자신을 포장하지 않았으면 좋겠다. 꾸준한 태도로 꿈을 향해 나아가는 열정은 단단한 삶을 살 수 있는 중심이 된다.

니체는 금수저들만 갖고 있는 돈보다 귀한 재산이 '실수해도 무너지지 않는 내면의 안정감'이라고 했다. '그때는 맞고 지금은 틀릴 수 있음'을 인정하기에, 배운 것을 버려야 할 때는 과감히 버리고 새로운 배움을 선택한다. 통제할 수 없는 일은 마음에서 덜어내고 통제 가능한 일에 집중하며 꿈을 향해 나아간다.

여전히 삶은 새로운 배움과 도전을 품고 있다. '완벽주의자'가 아닌 '충만주의자'로서 삶을 사는 나는, 다가오는 하루하루가 설레고 기대되는 일상이다. 과거의 수많은 아픔과 경험으로 지금의 단단한 내가 되었다. 꽃이 피는 시기가 다르듯, 늦게 피는 것은 두렵지 않다. 꽃도 피우지 못하고 열매를 맺지 못한 채 삶을 마감하게 될까 봐 두렵다.

내 인생의 길은 내가 만든다

"엄마는 과거로 돌아가 딱 한 가지만 바꿀 수 있다면 그게 무엇인가요?"

"글쎄, 바꾸고 싶은 게 없는데?"

"엄마가 저지른 실수 중에 딱 한 가지라도요."

"엄마가 많은 실수를 저지르긴 했다만, 그 무엇도 후회하지 않는단다."

"왜요?"

"그런 실수들이 없었다면 옳은 결정을 내리는 법을 배우지 못했을 테니까."

영화〈13 Going on 30〉에 나오는 엄마와 딸의 대화다. 같은 질문을 내게 한다면 나 역시 영화 속 엄마처럼 답했을 것이다. 어린 시절 아빠의 교통사고로 갑자기 마주쳐야 했던 가난한 삶, 대학 등록금이 없어 수능 시험을 두 번 봤던 경험, 일과 공부를 병행하며 쉬지 않고 달렸던 대학 생활, 투자의 성공과 실패, 불임으로 힘들었던 시기, 특별하게 키워야만 했던 큰 아이, 어느 날 갑자기 걷지 못해 누워만 있던 고통의 시간. 한 사람이 겪은 시련이라고 믿기 힘든 일들이다.

그러나 나는 오히려 감사한 마음으로 살고 있다. 과거에 경험한 고통과 시간은 나를 깊이 들여다볼 기회를 주었다. '내가 어떤 사람인지', '얼마만큼 강해질 수 있는지'를 알게 했다. 어떤 태도로 받아들이느냐에 따라 삶을 바꿀 수 있다는 배움과 믿음을 가질 수 있었다. 그 시간이 없었다면 지금의 단단한 나도 존재하지 않았을 것이다.

우리 집에는 이사 다닐 때마다 꼭 챙기는 둘째 아이의 물건 하나가 있다. 미니멀라이프를 추구하는 나는 아이 몰래 처분하고 싶은 생각이 들다가도 마음이 약해져 실행하지 못한다. 아이는 유치원 수업 시간에 점토로 만들었다며 작은 도자기를 가져왔다. 주전자인지 항아리인지 정체를 알 수 없지만 주전자를 만들었다고 했다. 아이는 신이 나서 침까지 튀어가며 제작 과정을 상세하게 설명했다. 뱀처럼 길게 만들어 한 줄 두 줄 쌓은 다음 도구를 사용해 표면을 매끈하게 다듬는 일이 보통 어려운 게 아니라고 했다. 유약을 칠하고 가마에 들어가 구워져 일주일 만에 가져온, 세상에 하나뿐

나는 죽을 때까지 빛나기로 했다

인 귀한 작품이라고 했다. 아이는 직접 만들어 가져온 물건에 애착이 많았다. 지금도 하늘빛 항아리, 아니 주전자는 아이 방 책상 위에 놓여 있다.

누구나 자신의 시간과 마음을 담아 정성껏 만든 물건에 가치를 매기는 일은 쉽지 않을 것이다. 제 손으로 만든 사람이 그 가치를 제일 잘 안다. 내 삶의 디자이너는 나다. 보이는 곳부터 보이지 않는 부분까지 마음 깊은 곳의 생각과 가치관까지도 스스로 디자인했다. 50년 가까이 살아온 여정은 수없이 다듬고 수정하기를 반복하며 만든 설계도를 기반으로 한다. 뜻하지 않게 마주치는 상황에서 발생하는 경우의 수만큼 삶의 방향과 계획을 고치기도 했다.

고등학생 시절 나는 연극반이었는데, 키가 크고 얼굴이 예뻤던 친구가 매번 주인공 역할을 맡았다. 등장인물이 몇 명 되지 않는 연극에서는 작은 역할이라도 맡는 것을 다행이라 여겼다. 지금도 기억나는 역할이 있는데 연극에서 나는 '풀잎 3'의 역할이었다. 풀잎을 맡은 학생 3명이 나무 역할을 하는 아이 앞쪽에 주르르 앉아 바람에 흔들리는 풀잎을 연기했다. 바람이 불지 않는 무대 위에서 바람에 흔들려야 했다. 넓적한 초록색 풀잎을 든 나는 '스포트라이트 효과'처럼 모든 관객이 나만 바라보는 것처럼 느끼며 열연했다. 미세하게 흔들리다가도 잔잔해지고, 세차게 풀썩거리다가도 서서히 바람을 타며 움직임을 조절했다. 혼신의 힘을 다해 역할에 몰입했다. 매 순간 찬란하게 빛나야겠다는 다짐은 어쩌면 그때부터 시작되었는지 모른다. 인생이 연극과 같다면, 나는 언제나 주인공으로 살고 싶다.

"내가 하는 선택은 최고의 기회를 만든다."

내가 좋아하는 문장 중 하나다. 모든 것을 다 잘할 수 없고 우리의 선택이 언제나 옳을 수는 없다. 오십을 바라보는 나이가 되니 과거의 배움과 경험에서 현재를 찾기도 하고, 지금의 태도를 통해 미래를 예측하기도 한다. 누군가 '삶은 그렇게 만만한 것이 아니라고', '자신하며 살다가 큰코다칠지도 모른다.'는 염려를 할 수도 있다. 에픽테토스가 말한 것처럼, "자유라는 것은 바라는 대로 되는 것이 아니라 일이 되는대로 그것을 바라는 것"임을 안다. 체념하고 포기하며 현실을 무조건 받아들이라는 뜻이 아니다. 있는 그대로의 현실에서 최선의 것을 찾아 실행하고 나만의 지혜를 찾으라는 의미다.

독서를 통해 나는 '나와 다른 사람'을 만난다. 때로는 '더 큰 나'를 만나기도 한다. 새로운 사람을 알아가는 것을 좋아하지만 서로의 성장과 발전을 방해하는 요인이 있거나 부정과 불평이 많은 사람과의 관계는 과감히 정리한다. 독서로 맺어진 만남 속에서 나의

나는 죽을 때까지 빛나기로 했다

세계는 확장되고 깊이 숨겨져 있던 또 다른 가능성을 발견한다.

좋은 사람, 완벽한 자신이 되고 싶어 노력하다 보면 마음이 무너지는 날도 있다. 그럴 때일수록 마음을 살피는 일이 우선이다. '나만이 나를 지킬 수 있다.'는 믿음으로 꿋꿋이 성장하자. 지치고 힘들어도 삶은 계속 흘러간다. 꾸준히 작은 걸음이라도 걸으며 삶의 방향을 다듬고 만들어가자. 바꿀 수 없는 것에는 열정과 에너지를 주지 말자. 내 습관과 태도, 선택까지도 모두 '내 것'임을 깨닫자. '내 것'에 집중하는 삶은 보다 나은 인생의 길로 우리를 이끌어 줄 것이다. 때로는 두려움에 도전을 망설이고 이 길이 아닌가 싶어 불가능을 떠올릴 수도 있다. 하지만 우리는 삶의 종착역에 도착하지 않아도 된다. 걷는 법만 잊지 않는다면 어제와 다른 오늘의 내가 되어 있을 것이다. 당당하게 삶의 주인공이 되어 우리 인생의 길은 우리가 만들자.

"네가 중요하게 여기는 것이 곧 네 인생이 된다. 글은 나의 일상이 되고, 일상은 다시 글이 된다. 삶이 글이 되고, 글이 삶이 되는 순간, 우리는 진정한 나를 만난다."

허지영 작가의 글이다. 읽을 때마다 벅찬 감동을 느낀다. 내가 보내는 일상이 글이 되고, 그 글이 삶이 되는 길에서 진정한 나를 만난다는 희망과 설렘을 품는다.

가끔 친구들에게 말한다. "먼 훗날 내 장례식에 와서 슬퍼하지 않아도 돼. 도전을 망설이지 않고 시들지 않는 열정으로 후회 없는 삶을 살다 간 사람, 매 순간을 빛으로 채웠던 나의 삶을 기억해 줘." 삶의 주도권을 쥔 사람, 내 인생의 주인은 나다.

나는 죽을 때까지 빛나기로 했다

나는 죽을 때까지 우아하고 싶다

"나는 조각상이 이미 대리석 안에 있다고 생각한다. 필요 없는 부분을 깎아 내며 원래 존재하던 것을 꺼내 주었을 뿐이다."

이탈리아의 조각가이자 화가인 미켈란젤로의 말이다. 대리석을 조각해서 꺼낸 것이 '다비드상'이라니. 그가 살아있었다면 '내 안의 아름다운 부분을 찾아 꺼내 줘.'라고 부탁하고 싶다. '우리 안에는 어떤 아름다운 조각들이 들어 있을까?', '내가 조각해 주기를 기다리고 있겠지?'. 오래전 피렌체를 여행할 때 다비드 조각상을 본 적 있다. 대리석을 밀가루 반죽 다루듯 했을 것 같다는 생각이 들 만큼 선이 부드럽고 생동감이 있는 작품이었다. 조각된 아름다운 인체를 보며 미켈란젤로의 정교한 예술 표현에 경이로움마저 느꼈다. 참고로 다비드상은 위에서 아래로 사진을 촬영하면 '얼큰이 다비드'가 되니, 아래에서 위로 올려다보듯 찍어야 그 황금비율을 감상할 수 있다.

김도은 저자는 책 《외모력 수업》에서 '외모력'이란 '외면의 힘과 내면의 힘이 밖으로 드러나는 상태'라고 했다. 외모가 가진 힘을 떠올리면 표면에 드러나는 외적인 요소만을 생각하겠지만 결국 '사람에게서 풍기는 분위기'를 말한다. 자신만의 특성이 겉으로 드러나 타인이 느낄 때 만들어진다는 것이다. 외모력을 구성하는 것은 '내면', '외면', '태도' 라고 했다. 외모력의 세 가지 요소 중 가장 토대가 되는 '태도'는 외면과 내면이 조화를 이루었을 때 만들어지는 진정한 아름다움이 아닐까.

타인에게 흔들리지 않는 신념과 말끔한 용모와 복장에서 풍겨지는 아우라, 그 둘의 결합으로 품격이 드러나는 사람이 되고 싶다. 외모가 가진 가치에 대한 인식과 관리를 소홀히 하지 않아야 한다. 나는 마음이 혼란스러운 날에도 평정을 지키고자 노력한다. 감정을 회피한다는 뜻이 아니다. 무너지고 싶은 날조차 단단한 내면을 유지하는 이유는 타인을 의식해서가 아니다. 나를 위한 배려이기 때문이다.

외모력을 키우기 위한 나의 노력은 무엇이었는지 떠올려보았다. '말'은 곧 '그 사람'이다. 마음속에 품고 있는 말이 고와야 자신과 타인에게 그 말을 들려줄 수 있다. 한마디 한마디를 곱게 물들여 온 사람의 언어는 다르다. 좋은 책을 읽고 아름다운 글을 필사하고 낭독하는 일 또한 내면과 외모 모두를 가꾸는 방법의 하나다.

니체는 책《위버멘쉬》에서 "꾸미지 않는 자유보다 관리하는 자기결정이 더 강하다. 사람들은 생각보다 겉모습에서 많은 걸 판단한다."고 했다. 사람의 첫인상은 0.1초 만에 결정된다고 한다. '심오하고 복잡한 인간의 내면을 고작 0.1초 만에 결정해 버리다니'. '마음 깊은 곳에 존재하는 아름다움과 매력은 파악할 기회조차 없겠구나.' 외모가 전부는 아니지만 전부로 가는 입구일지도 모른다. 나만 외모로 세상을 판단하지 않지, 세상은 나를 외모로 판단할 수도 있다. 수술을 집도할 의사가 수술대 위에 지저분한 수술 도구를 잔뜩 늘어놓고 "이래 봬도 제가 수술 실력 하나는 끝내줍니다." 라고 한다면 믿을 환자는 단 한 명도 없을 것이다. 외모 관리는 개인의 선택이 아니라 '더 나은 삶을 위한 자기관리'로 여기면 좋겠다. 자신만의 명확한 기준과 단단한 내면이 어느 순간 태도로 드러나는 신호라는 사실을 기억하자.

과일을 고를 때 굳이 흠과를 고르는 사람은 없을 것이다. 먹고 없어질 과일 하나도 매끈한 것을 신중히 고르는 우리다. 하물며 사람을 판단하는 일에 외모를 중요하게 여기는 이유에 대해서는 복잡하게 생각하지 말자. 심리학자인 앨버트 메라비언의 연구에서, 인간의 감정 전달에서 외면이 갖는 요소는 55%라고 한다. 외모가 매우 중요한 부분 중 하나라는 사실을 인식하자는 의미다. 겉모습은 자기관리의 수준을 가장 쉽게 보여준다. 깔끔하고 단정하게 가꾸어진 인상은 사람과 기회 그리고 신뢰를 끌어당긴다. 잘 관리된 외모는 내면의 힘을 잘 드러내는 무기가 될 수 있다. 당당하고 행복한 삶을 살 수 있게 돕는 강력한 도구이자 기술이다.

오십을 바라보는 지금, 앞으로의 삶은 그동안의 경험보다 더 무르익기를 바란다. 시간을 멈출 수는 없지만 나답게 나이 드는 것은 가능하다. 흔히 인생의 중반부에 들어선 오십 대를 '인생의 가을'이라고 한다. 봄, 여름의 청춘을 보내고 삶이 무르익는 계절을 맞이했다는 뜻이라는데, 나는 공감하기 힘들다. 수많은 빛과 그림자를 품고 살아가는 우리 삶을 고작 네 개의 계절에 비유하게 둘 수 없다. 누구도 시간의 흐름을 거스를 수 없고 늙는 것은 그 자체로 자연스러운 일이다. 하지만 꾸준히 자신을 관리하는 사람과 지신을 방치하는 사람은 같은 시간을 살았어도 다른 시간을 산 것처럼 보인다. 먹는 것, 입는 옷, 자세와 마음가짐, 자신과 타인을 대하는 태도를 점검해 보자. 자신에게 '어떻게 나이 들고 싶은지', '앞으로의 삶을 어떤 태도로 살기 원하는지' 물어보자.

우아함이란 고급스러운 말투와 친절한 행동, 부드러운 몸짓, 명품 옷을 휘감은 외면의 보이는 것과 같은 디테일만을 말하지 않는다. '내면과 외면 모두를 빛나게 만드는 태도'를 의미한다. 머리끝까

나는 죽을 때까지 빛나기로 했다

지 화가 날 만한 상황에서도 침착하게 방법을 찾아 대응하고, 작은 손해 앞에서 계산하지 않고 누군가를 먼저 배려하는 행동처럼 말이다. 우아함은 자신만의 바뀌지 않는 옳은 기준을 가지고 "저 사람은 뭔가 다르다."라는 인상을 준다. 나를 기억하게 만드는 최고의 자기 브랜딩이다. 우아함은 사람들로부터 신뢰와 호감을 쌓는 일이며 때로 그 신뢰가 기회의 문을 열어주기도 한다.

얼마 전 강남 한복판에 있는 스튜디오에 다녀왔다. 곧 출간될 책에 넣을 작가 사진을 찍기 위해서다. '책을 내고 전국에 강연을 다니게 될 텐데….' '포스터와 배너 제작에도 넣을 사진이 필요할 테니 여러 컨셉으로 찍어둬야지.' 원하는 것이 이루어졌을 때를 상상하는 일은 오랜 습관이다. 헤어와 메이크업을 맡은 분에게 '영화배우 컨셉'으로 해달라고 부탁했다. 참고할 사진들은 예약할 때 미리 보냈다. 사진 작가에게는 '내 안의 다른 나'를 찾아달라고 말씀드렸다. '나만의 아우라', '지적이고 우아한 아름다움'을 찾아 꺼내달라고 말이다.

나는 매력적인 사람으로 나이 들고 싶다. 내면과 외모를 관리하며 사는 일상이 행복하다. 죽을 때까지 지적이고 싶은 나는, 삶의 중심에 독서를 두었다. 가족이라는 울타리에서 역할이 많지만 나를 위한 선택을 미루며 살지 않는다. 일상 곳곳에 존재의 이유와 행복의 근거를 만들어 두었다. 나이 들수록 건강관리와 식사뿐 아니라 외모에도 신경 쓰며 살아야 한다. 멋지게 나이 드는 사람 중에 겉모습이 후줄근한 사람은 없다. '내 몸 하나도 귀찮다'며 자신을 함부로 여기지 말자. '편안하고 자연스럽게 늙는 것이 최고'라고 핑계 대지 말자. 외모에서 전해지는 품위와 자존감을 내려놓아서는 안 된다. 경계해야 할 것은 나이라는 숫자가 아닌 나이 듦과 함께 놓아버린 열정이라는 사실을 기억하자. 우리도 근사하고 멋있게 나이들 수 있다.

나는 죽을 때까지 빛나기로 했다

단단한 오십, 더욱 빛나는 삶을 위해

"인생은 얼마나 오래 살았느냐가 아니라 얼마나 잘 살았느냐에 달려 있다."

철학자 세네카의 명언이다. "나는 잘 살고 있는가?" 살아온 흔적들을 돌아보았다. 우리 인생을 가치 있게 만드는 것은 큰 성공과 화려한 성취가 아니다. 고요한 시간에 쌓아온 '평범하고 소소한 일상들'이다. 아침마다 창문을 통해 들어오는 따뜻한 햇살, 영감을 주는 독서, 삶의 단단함을 배울 수 있는 좋은 글, 고소한 향의 커피 한 잔, 온몸을 달콤함으로 채우는 초콜릿 한 조각, 하루의 끝에 가족들과 마주 앉은 식탁의 온기, 있는 그대로를 아껴주는 친구와의 만남. 가장 소중한 순간들이다.

아빠의 교통사고로 힘들고 가난한 어린 시절을 보냈다. 대학에 다니면서도 일을 하며 등록금을 마련하고 용돈을 아껴 부모님께 작은 도움이 되어드렸다. 스무 살에 운전면허를 취득하고, 새벽 아르바이트하며 모은 돈으로 작은 중고차를 한 대 구입했다. 연이은 사업 실패에 처진 어깨를 가진 쓸쓸한 모습의 아빠를 낚시터에 모셔다드리고, 대형 마트에서 카트 한가득 장을 볼 수 있는 기쁨을 엄마에게 선물하기도 했다.

대기업에 취직해 우수한 업무 성과를 내며 인정받았지만 업무를 완벽하게 처리하느라 몸과 마음을 돌보지 못했다. 직장에서의 커리어가 절정에 달했을 때 원인 모를 '65세의 신체 나이 퇴행성 디스크'를 진단받았다. 걷지 못해 누워지냈던 시간 1년, 피와 땀을 흘리며 다시 걷기 위해 노력했던 1년을 보냈다. 내 삶은 걸을 수 있기 전과 걷게 된 이후라 여기며 주어진 삶과 시간을 소중히 여기며 살고 있다.

그때의 나에게 정말 고맙다. 버티기 힘들어 포기하고 싶었던 순간들이 많았는데, 그 모든 것들을 견디며 지켜낸 내가 자랑스럽다. 누구도 탓하지 않고 자책하지 않았다. 그 시간이 지금의 단단한 나를 만들었다. 어떤 일도 해낼 수 있다는 자신감과 열정을 놓지 않는 나로 만들어 주었다.

낯선 유럽의 어느 도시에서 살았던 몇 년은 나의 삶을 송두리째 바꿔놓았다. 엄마라는 이름을 가진 이가 할 수 있는 능력의 최대치를 발휘했던 시간이었다. 어떤 일이 다가와도 두려움을 딛고 나서는 용기를 배웠고, 새로운 도전에도 망설임 없이 다가가며 강한 자신감을 얻었다. 삶을 큰 방향에서 설계하면서도 일상에서 느낄 수 있는 소소한 행복도 놓지 않았다. 진심은 어디에서든 통한다는 사실을 알았다. 그곳에서의 귀한 시간과 경험은 언제 떠올려도 가슴 뭉클한 추억이다.

마흔을 넘긴 사람들이 심리상담사에게 가장 많이 고백하는 후회들이 있다고 한다. 인간관계가 영원할 것이라 믿고, 모든 사람에게 잘 보이려 애쓴 것이라고. 실패가 두려워 시도조차 하지 않고 남의 시선에 갇혀 자신을 잃어버린 일들이라고 했다. 만일 지금껏 타인의 시선을 신경 쓰며 나를 뒷전으로 미뤄두었다면 지금부터라도 나를 위한 삶을 살자. 소중한 시간과 감정은 나를 위해 써야 하며, 세상에서 가장 소중히 여기고 사랑해야 할 사람은 그 누구도 아닌 나 자신임을 기억하자.

"그때는 맞고 지금은 틀리다."라는 문장을 좋아한다. 그때는 그것이 최선이었다고 내 편을 들 수 있고, 지금은 다른 옳음을 찾을 수 있어서다. 후회와 고민은 짧게 하고 실패가 준 경험으로 더 나은 내일을 만들면 된다. 잘못된 선택에 대한 경험은 다시 배울 기회를 가져오고 그 시간만큼의 지혜를 선물해 준다.

필사와 낭독, 아침 독서, 글쓰기의 습관들은 나의 인생을 바꿔놓았다. 삶을 바꾸고 싶다면 나부터 바뀌어야 한다. 변화를 받아들이지 않는 순간 인생도 미뤄진다는 사실을 깨달으면 좋겠다. 우리 모습은 우리의 삶과 닮아있다. 변화된 습관과 태도는 다른 생각을 불러오고 자신에게 하는 질문과 답의 수준을 바꾼다. 더불어 세상을 해석하고 바라보는 시선도 달라진다. "내가 바뀌지 않으면 아무것도 변하지 않는다."는 사실을 인정하는 순간 변화는 시작된다.

지적인 아름다움은 대단한 공부를 해야 얻어지는 것이 아니다. 자기관리를 통한 노력이 차곡차곡 쌓일 때 삶에 드러날 것이다. 단단하고 균형 있게 다져진 내면을 가진 사람, 나이와 상관없이 끊임없이 배우는 사람은 언제나 매력적이다. 멈추지 않는 배움은 자신과 타인을 젊게 만드는 비결이다. 나의 감정을 자주 들여다보고 인정해 주자. 일상의 모든 행위가 지혜를 탐구하는 과정이자 제대로된 어른이 될 수 있는 경험이다.

나이 들수록 좋은 사람만 곁에 남는다. 인간관계가 좁아진 것이 아니라 걸러진 것이다. 참 다행이다. 나를 위해 루틴과 시간을 보내느라 사람 만날 시간이 줄어드는데, 곁에 있는 사람들에게 시간과 마음을 줄 수 있으니 말이다. 인연은 서로에게 소중한 방향으로 흐른다. 나이 듦과 많은 경험에서 얻은 지혜, 여유 있는 일상에 감사하다. 혼자서 전시회와 공연을 관람하며 감성 충전하는 시간을 갖는 일도 행복하다. 아무도 방해하지 않는 나만의 시간에 책을 읽는 일과 익숙한 커피 향기는 나를 미소 짓게 한다.

당연한 듯 다가온 오늘이, 함께 하는 사람들과의 일상이 결코 당연하지 않다. 갑작스러운 이별이 찾아온다고 해도 후회하지 않을 애정과 마음을 주며 살고 싶다. 인생의 끝에서 슬픔이 아닌 미소를 짓는 사람이 되고 싶다. 좋은 아내, 지혜로운 엄마, 사랑스러운 딸이었지만 무엇보다 나다움을 지켜내며 사는 삶이었다고.

50대 이후 더 빛나는 비결은 돈이나 외모의 화려함이 아니다. 멈추지 않는 배움, 변함없는 루틴의 실행, 철저한 자기관리, 진심으로 맺은 인간관계라는 기본이 쌓여 매력으로 드러난다. 나이가 들어도 빛나는 사람들은 자신을 꾸준히 가꾸는 사람들이다. 나이 듦의 지혜도 조금씩 실천하자. 알아도 모르는 척, 당황해도 침착하자. 많은 말을 하기보다 경청하는 사람이 되자. 적절한 유머를 삶에 녹여 여유 있고 편안한 일상을 만들자. 항상 배우려는 태도로 조용하게 성장하자.

모든 사람의 삶은 제각기 자기 자신에게로 이르는 길이라고 했다. 나를 찾아가는 여정이 결국 인생이다. 나답게 사는 일을 어려워 말자. 후회 없도록 마음을 다해 뜨거운 열정으로 자신을 사랑하자. 나를 사랑하는 건 이기심이 아니다. 내가 단단해야 삶도 단단해진다.

나는 나일 때, 당신은 당신일 때 가장 빛나고 아름답다.

단단한 오십부터 시작되는, 진짜 내 삶을 채우는 시간

나는 죽을 때까지 빛나기로 했다

초판 1쇄 인쇄 _ 2026년 1월 15일
초판 1쇄 발행 _ 2026년 1월 25일

지은이 _ 박유하

펴낸곳 _ 바이북스
펴낸이 _ 윤옥초
책임 편집 _ 김태윤
책임 디자인 _ 이민영
책임 영상 _ 유명주

ISBN _ 979-11-5877-402-8 03190
등록 _ 2005. 7. 12 | 제 313-2005-000148호

서울시 영등포구 선유로49길 23 아이에스비즈타워2차 1005호
편집 02)333-0812 | 마케팅 02)333-9918 | 팩스 02)333-9960
이메일 bybooks85@gmail.com
블로그 https://blog.naver.com/bybooks85

책값은 뒤표지에 있습니다.
책으로 아름다운 세상을 만듭니다. — 바이북스

미래를 함께 꿈꿀 작가님의 참신한 아이디어나 원고를 기다립니다.
이메일로 접수한 원고는 검토 후 연락드리겠습니다.